ジプシーの来た道

原郷のインド・アルメニア

市川捷護

白水社

ジプシーの来た道　原郷のインド・アルメニア

カバー画＝山本賢弥
装丁＝松吉太郎

目次

はじめに

「ジプシー」といわれる人びとがどこからやってきたのか、ということを考えはじめてからだいぶたつ。とくに私の関心は、芸能者としての彼らの足跡はどこから出発したのかという点だった。それは非定住「漂泊・放浪・流浪」と芸能との関係を考えることだった。

そうした思いは、かつて日本列島のなかのさまざまな門付け芸・大道芸を訪ね歩き、中国大陸の辺境地域、インドや東南アジアなどを歩いているうちに少しずつふくらんできたものだった。

平安朝の傀儡子《くぐつし》以来、日本列島で長い旅を続けてきた漂泊・遊芸者はほとんど絶滅したが、彼らの出自の物語は、この列島だけで完結するほど単純で柔なものではない。物語は地球上の芸能の水脈でつながっていたのだ。

彼らは、人びとに神への畏れを抱かせるがゆえに畏敬され、そして軽侮の対象でもあった。彼らの訪れは、人びとの心にさざなみを立たせ、つかの間の非日常性をもたらした。やがて、どこへ行くでもなく、立ち去っていく彼らの後ろ姿をみつめながら、人びとはさまざまな思いにとらわれてきたにちがいない。

野末の風にさらされた姿に漂う無頼な風情に私は魅了されてきたが、この風情の感覚・味わいは日本列島だけでなく、地球上の各地域で共通するものだった。それはおもに非定住する側の人びと、漂泊・放浪・流浪の生活を続ける人びとから発せられるものだった。

とくに「ジプシー」といわれる人びとの歌や踊りなどが強く示唆するのは、彼らの濃密で堅固なアイデンティティの存在であり、その基層に私を魅了する共通の感覚・味わいがあるように思われた。「ジプシー」と称される人びとの出自を探ることは、この共通する感覚の原郷を探ることに等しい。彼らのふるさとにできるかぎり近づいてみたい。そこで彼らの心性にふれてみたい。そんな個人的動機から、私のインドとアルメニアへの旅ははじまったのである。

そしてこの旅は、彼らの、民族の物語を拒否する姿勢が、そのまま定住者側の論理にたいするしたたかで含蓄あるメッセージでもあることを知る旅でもあった。

I

アルメニア・ジプシー（ボーシャ）を訪ねて

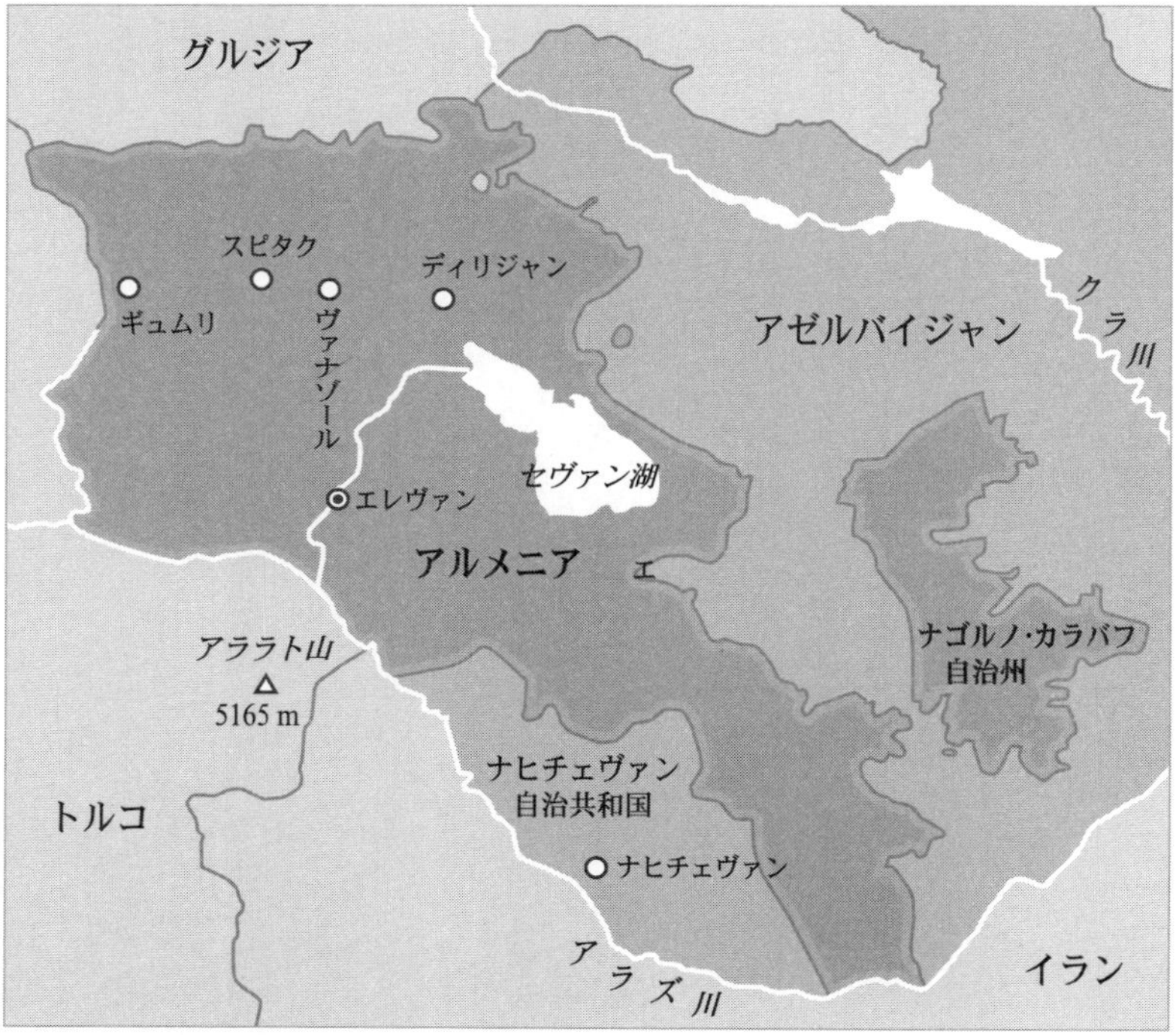
グルジア
スピタク
ディリジャン
ギュムリ
ヴァナゾール
アゼルバイジャン
クラ川
セヴァン湖
エレヴァン
アルメニア
アララト山
5165 m
ナゴルノ・カラバフ
自治州
ナヒチェヴァン
自治共和国
ナヒチェヴァン
トルコ
アラズ川
イラン

ロシア連邦
カフカース山脈
チェチェン
カスピ海
ダゲスタン
黒海
グルジア
トビリシ
アルメニア
アゼルバイジャン
エレヴァン
バクー
エルズルム
アラズ川
クラ川
トルコ
ナゴルノ・カラバフ
自治州
ヴァン湖
ナヒチェヴァン
自治共和国
イラン

一　アルメニア　過酷な歴史を生きた「ノアの箱舟」の国

首都エレヴァン到着

二〇〇二年八月、アルメニアへの玄関口、首都エレヴァンのスバルトノッツ空港に着いたのは午後二時十五分。ロシアのシェレメティボ空港から三時間余のフライトだった。機内から見下ろすエレヴァンの風景は、緑が少なく褐色の岩肌が目立つ。

円盤形の空港に降り立つと、乾燥した空気と焦げるようなにおいが鼻腔を刺激する。パスポートチェックの列に並んでいると、目ざとく見つけた係官が「ビザ？」と声をかけてきた。ほとんどがアルメニア人かロシア人のなかで、日本人は目立つのだろう。日本にはアルメニア大使館・領事館がなく、在ロシア大使館が兼ねている。国交はあるが、大使館を設置するほど政治的・経済的交流がないということか。

東京の旅行代理店の人から、アルメニアへのビザ取得については具体的なことは示されないまま出発してきたが、結局エレヴァン空港での手続きになった。数分でビザは下りた。一人三十ドル。迎えに来ていた旅行代理店と通訳の二名の男性にあわただしく迎えられ、市内中心部に向かった。

今回の旅は、長年仕事をともにしてきた市橋雄二さんと一緒である。彼にもアルメニアははじめての地である。車から垣間見たエレヴァン市内はくすんだ殺風景な表情で、全体として黄褐色が覆っている。行き交う車や人の数は、モスクワを経てきた目にはとても少なく、活気がないように思われたが、着いたばかりの目で見た印象で判断するのは早いと思い直した。市橋さんは「パキスタンのイスラマバードなどで感じたアジア的風景を思い出します」とつぶやくように言った。

車はおよそ三十分ほどで市内中心部に入り、予約のホテルにチェックインした。宿泊者名簿に名前を記入していたら、受付の女性が、サインの漢字を眺めて、とても珍しいものを見たという表情で首を振った。それだけまだ日本人は珍しいというわけだ。このホテルはイタリア大使館のほぼ隣にあり、イタリア資本で建てられたという。こぢんまりながら、清潔で設備はそろっているようだ。

五時ごろから通訳を務めてくれるアルセン・ハラティヤン君と打ち合わせをする。アルメニア人の名前はヤンがつく人が圧倒的に多い。有名な作曲家ハチャトゥリヤンもアルメニア人である。アルセン君はまだ二十歳という若さだが、日本の若者よりよほど世慣れており、物腰もスマートで頭の回転の速い青年だった。まず彼に私の目的を理解してもらうことからスタートしなければならないのだが、シンプルに、要領よく説明するのはなかなかむずかしい作業である。相手がもっている知識・常識に応じながら話して、分かってもらえるように努力しなければならない。

はじめての土地で取材をする場合、日本で事前に手にする玉石混淆の現地情報のなかから、有効で的を射た情報を選ぶことは、現地に入ってからの仕事を成功させるには必須の条件である。その方法にはマニュアルがなく、状況に合わせて対応するわけだが、私と市橋さんは中国少数民族の多くの村々や、地球上のさまざまな民族音楽の取材を重ねるなかから、そうした対応する方法を見つけてきた。

今回のアルメニア取材も集められた各種の事前情報を整理するなかから、アルセン君の存在にたどりついたわけである。

ジプシーのイメージ

アルメニアについての知識はほとんどなにもないのに、ついにこんな遠い国にまで来てしまったという気持ちだった。アルメニアについて私が思い浮かべるイメージは、ドゥドゥクという人間の声のような音を出す笛、アルメニア・コニャック、ソ連時代にミコヤンという副首相がアルメニア人として知られていたこと、そして「ノアの箱舟」がたどりついたアララト山といったくらいの貧弱なものであった。

その程度の知識しかなかった私が、アルメニアにまで来ることになったのである。しかもアルメニアに存在するのではないかというジプシーを求めての旅なのである。

突然ジプシーといっても、確たる統一されたイメージをもっている人はそれほど多いとは思えない。ある人は放浪する民族という一般的理解をもち、ある人はスペインのフラメンコを思い起こし、さらに音楽的才能の豊かなさすらい人の集団をイメージしたり、またオペラや小説の「カルメン」を思い出す人もいるだろう。ヨーロッパなどの大都会で遭遇する、油断ならない輩たちをイメージする人もいる。じつに多様な受けとめ方をされているが、そのどれにも実像と虚像が複雑に入り組んでいるように思われる。

そこでごく一般的な理解を助けるために、『広辞苑』を引いてみた。それによると、

「Gypsy」①インド北西部が発祥の地といわれ、6〜7世紀から移動しはじめて、今日ではヨーロッパ諸国・西アジア・北アフリカ・アメリカ合衆国に広く分布する民族。言語はインド・イラン語系のロマニ語を主体とする。移動生活を続けるジプシーは、動物の曲芸・占い術・手工芸品製作・音楽などの独特な伝統を維持する。ロマ。②転じて、放浪生活をする人びと。（第五版　一九九八年）

さらに念のため、より古い第四版を見てみると、微妙で興味深い相違がある。

「Gypsy」①インド北西部が発祥の地といわれ、6〜7世紀から移動しはじめて、今日ではヨーロッパ諸国・西アジア・北アフリカ・アメリカ合衆国に広く分布する民族。言語はインド・イラン語系のロマニ語を主体とし、髪は黒く皮膚の色は黄褐色またはオリーブ色。移動生活を続けるジプシーは、動物の曲芸・占い術・手工芸品製作・音楽などの独特な伝統を維持している。②転じて、放浪生活をする人びと。（第四版　一九九一年　傍点＝筆者）

インドからの移動開始の時期などは学者、研究者により諸説あるが、要領よくまとまっている。傍点の部分、呼称と身体的特徴についての記述がそれぞれつけ加えられたり、削除されている。このことは一九九〇年代においてジプシーにたいする世界の認識が変遷してきたことを物語っている。

ジプシーということばは、英語による他称であり、多くの地域では「ロム（Rom）」、複数形「ロマ（Roma）」とか「ロマニ（Romany）」を自称している。これらの自称は、ロマニ語（Romani）という彼らの言語で「人間」を意味するのである。千年以上もの時間にわたって変遷を経てきた今日のロマニ語には、単一の標準語は存在しないといわれ、ヨーロッパだけでも六十種類以上の方言があるとされている。

『広辞苑』第五版にのった「ロマ」ということばは、ジプシーという呼称にたいするさまざまな立場からの主張を考慮した結果の追加だろう。ジプシーということばに侮蔑的意味を嗅ぎ取る人びとの存在に意をはらった結果である。

また、髪の色や皮膚の色を特定なものとすることは、いわれなき差別を誘発しかねないという判断から、第五版では削除されたのだろう。この二点の追加・削除という事実からだけでも、地球上におけるジプシーの立場、受けとめられかたに微妙な変化が起きてきたことが分かる。

ジプシーということばは、定住者から彼らを指すのに用いられた他称であり、定住者側の論理、無理解、そして偏見からくる差別的含意がともなうことを留意する必要がある。しかしながら、あえて自分たちをジプシーと呼ぶ人びとがいるのも事実である。彼らは呼び名が新しくなったからといって、自分たちを見る目が変わるわけではないことを知っているのであろう。私はジプシーからロム、ロマへとたんにことばを言い換えるだけで、その実体を見つめようとせずにやり過ごそうとする立場には立ちたくない。要はことばそのものよりも、どのような意図、立場から発せられるかが問題なのである。

ヨーロッパなどのジプシーと各国の行政機関との、長年にわたる深刻な対立・軋轢については、膨大な研究書・報告書が出ており、それらを読むだけで、ジプシーが受けてきた差別の酷さを改めて認識すると同時に、そうした迫害に耐えて発揮されてきた、彼らのしたたかで力強い生活力、固有の強固な価値観、芸術的才能の豊饒さ、職人としての確たる技術力などについて、今までの私たちの無知、無理解も思い知らされるのである。こうしたジプシーの各側面については追ってふれなければならない。

ジプシーの足跡をたどる

私は以前から、日本列島の大道芸・門付け芸に関心を抱いてきて、その関連でおもに芸能の立場から、漂泊性、放浪性の濃厚なジプシーの芸能にもそれなりの関心を抱き続けてきたが、特別にジプシーの芸能を研究したこともなければ、ヨーロッパのジプシーを追いかけてきたわけでもない。私の関心は、ジプシーと称されるこれらのヨーロッパ最大の少数民族が、地球上のどこからやってきたのかという点だった。そうした関心は突然起こってきたのではなく、ゆっくりと私のなかで芽ばえ、ふくらんでいったのだった。

一九七〇年からほぼ十年間にわたって、俳優の小沢昭一さんとともに日本列島の各地に大道芸・門付け芸の採録を続ける間に、さらに一九八〇年から二十年間に韓国・インド・インドネシア・中国などをまわって、その地の民間芸能や習俗などの映像記録の制作を続けてきた間に、しだいに漂泊者の芸能の系譜への視点が形成されていった。

古来、日本列島の山野を駆け巡ってきた遊行人たちの放浪諸芸の数々は、いまやほとんど絶滅したが、地球規模でみると、インド、中国、東南アジアなどの街角や広場では、まだまだ放浪芸人たちの生き生きとした姿と芸に接することができる。

日本列島に流れ込んできた芸能の水脈は、どのようにして地球上を流れてきたのか。万歳・人形つかい・獅子舞・猿回し・絵解きその他数え切れない大道芸・門付け芸はどこで発生して、どのような経路を経て日本列島にやってきたのだろうか。漂泊の芸能者は各地でなにを残したのだろうか。またその土地からなにを得たのだろうか。そしてなによりも、彼らはなにを思い、なにを考えながら生活していたのだろうかを知りたいと思ってきた。そしてできうることならば、彼らの心性に近づいてみたい、ふれてみたいと思うようになってきたのである。

こうしたことを考えはじめると、どうしてもジプシーの存在が重くのしかかってくるのだ。芸能者としての究極のあり方、つまり生活のため、お金のために、賎視されながらも歌をうたい、踊り、楽器を奏し、動物に芸を仕込む芸能者、しかも一か所に定住しないで移動をくりかえし、伝統的な習俗を強固に保持する芸能者となれば、ジプシーの存在を無視することはできない。

もちろん芸能以外にも、彼らが伝統的に従事する職種はじつに多彩で、その伝統的生業《なりわい》のもつ歴史的意味はそれぞれ重要であり、芸能だけで彼らを理解することはできないのは当然だ。

日本の放浪の遊芸人、韓国・中国の大道芸人たちを見てきた私としては、芸能という視点を中心にして、これら漂泊者の原風景を確かめてみたい、その地を訪れて彼らの心性の源を探ってみたいという思いが起こってきたのである。

そうした原風景の地は存在するはずだが、どこだろうという関心はすぐにジプシーの存在に結びついていき、さらにはジプシーたちの故郷へと関心が向かったのである。

彼らの芸術的才能の豊かさとともに、非定住にこだわる生き方、そこから生ずる各地での軋轢などはそれなりにわかっていたが、彼らがどこからやってきたのかについては、インドであるらしいというくらいの知識だった。そこでジプシーの足跡をたどれるところまでたどってみようと決心したのである。

インドとヨーロッパをつなぐキーワード

二〇〇一年夏、インドのラージャスターン州のタール砂漠を旅して、ジプシーの先祖ともいうべき人びとに出会うことができた。インドを出立した原ジプシーともいうべき人びとは、どこへ向かったのか。現在では、ジプシーがバルカン半島の諸国やヨーロッパ各国、フランス、ドイツ、スペイン、イギリス、オランダなどに出現した時期については当時の見聞記などの文献から解明されている。

こうなるとヨーロッパとインドをつなぐキーワードとしての地域が問題になるが、その地としてアルメニアが浮かび上がってきたのである。なんらかの理由で人びとがインドから西に向かって移動を開始した時期、経路などについてはさまざまな説があるが、どうやらアルメニアを経由してバルカン半島、ヨーロッパに拡散していったことは間違いないようだということが分かってきた。アルメニアが、ジプシーの祖先のヨーロッパへの移動、拡散への足がかりの地だということが推測できるのである。

そうした推測は、言語学上の研究の成果から可能になる。ジプシーのことば、ロマニ語のヨーロッパ諸方言には、多数のアルメニア語からの借用語があるらしい。しかもジプシーのアルメニア逗留は長期にわたるものと思われる。ところがアルメニアに関する情報が少ないうえに、ジプシー関連の書物をさがしても、アルメニアにふれているものは極端に少なかった。結局アルメニアのジプシーについて若干でも記述があったのは、私が目にしたもののなかでは次の三点の書だった。

①『ジプシー（ロマ）歴史事典』（ドナルド・ケンリック）
②『ジプシー』（ジュール・ブロック　木内信敬訳）
③『ジプシー』（アンガス・フレーザー　水谷驍訳）

しかし、これらのアルメニアについての記述はごく短く、しかも著者本人がアルメニアの地を踏んで確認したものではなく、学術書によくある文献資料からの引用に基づくものであることは明らかだった。それでもこれらの記述のなかに、インドからやってきたアルメニアのジプシーはボーシャと呼ばれる、という貴重な情報があったのだった。

市橋さんもさまざまな方法でボーシャのことを調べたが、それらの情報を総合すると、どうやら籠づくりを生業にする人びとであることが分かってきたのである。だが、それ以上の踏み込んだ情報は手に入らなかった。こうなればあとはアルメニアに行くしかないと決心して、彼らがほんとうにジプシーなのか、実際に会えるものなのかはまったく分からないまま出かけてきたわけである。日本でアルメニアから帰ったばかりのジプシーに詳しい知人に尋ねた際にも、「アルメニアにはジプシーはいなかった」と言われたこともあり、アルメニアへの旅は半信半疑の状態からの出発だった。

夜九時過ぎまで明るい街エレヴァン

通訳のアルセン君は、エレヴァン国立大学オリエンタル・スタディーズ学部のアラビア語・イスラム教専攻の学生で、昨年（二〇〇一年）は八か月間シリアのダマスカスの大学に留学したという。母親はアルメニア民族学研究センターの代表だというから、今回の通訳の仕事は適任だ。彼と今後のスケジュールなどを簡単に決めるが、あくまで予定であって、どんどん柔軟に変更していくと伝える。現地でなにが起こるか予測できないから、そこで迅速に対応していくのがこうした取材の鉄則だ。

夕食をとりがてら、エレヴァン見物でもしようとホテルを出る。タクシーがあまり走っていないので、歩く距離も長くなり、やっと見つけたタクシーもことばが通じない。英語なども通じないので、やっとわかってくれた目的地付近のホテルで降りた。

タクシーにはメーターがないので、乗る前に料金を交渉して決めなければならないのが厄介だ。アルメニア紙幣をかざして「オーケー？」などとやるわけで、この不便さはモスクワも同じだったが、気の弱い人などには向かないシステムだ。でもモスクワのタクシー事情はそれでもよくなったほうで、ソ連崩壊後まもなくのモスクワにはタクシーがほとんどなく、すべて一般市民の自家用車を止めてドルで支払う時期があり、交渉がわずらわしく、そうとうの距離でも歩いた記憶がある。ここエレヴァンでは、一般市民はまず車を持っていないから、白タクはあり得ないということだろう。

市内のアパートやビルは古い代物が多く、中心街の道路のあちらこちらで歩道を掘り起こしたり、ビルの瓦礫を片づけたりしており、騒音と埃でいっぱいである。しかし街路樹は樹齢を重ねた見事な風格をもったものが多い。多分、ソ連邦に所属していたころは、重厚な雰囲気に満ちた都会だったのだろうが、ソ連体制の崩壊過程の一九九〇年に、政治的には独立したが、経済的苦難にみまわれて以来、道路、ビルなどが老朽化しても修理もままならない感じが痛々しいほどだ。

街のレストランでチーズ、ハム、ローストチキンふうのもの、それにビールを十分飲んで、二人で約九千ドラムだった。日本円で二千円弱。エレヴァンでは高いほうかもしれない。夕食は午後七時半ごろからはじめたが、九時ごろになっても明るく、三十分後にようやく暮れかかってきた。時間を得したような気分でホテルに戻った。

ソ連時代はレーニン広場

朝、ホテルのバイキングで飲んだ牛乳が脱脂粉乳のような味がして、ふと小学生時代の給食を思い起こし、懐かしさを感じた。あの味にも好き嫌いがあり、飲まない友達もいたが、私は平気で飲んでいた。味の感覚などは個人差もあるし、もちろん民族によっても違ってくるのだから、一概にうまい、まずいと言うことはできない。

食後、ホテルの周辺を散歩して、ホテルがエレヴァンの中心地、共和国広場から二、三百メートルほどのごく近いところに位置していたことを知った。昨日はタクシーを探しながら、中心街から逆方向に向かって歩いてしまったので、方向感覚が狂っていたのだろう。

今朝の気温は二十度前後だが、湿度をほとんど感じないのでしごく快適だ。空は雲一片もない快晴。昨晩見かけた建物や道路の掘り起こし、瓦礫処理などの工事現場はいたるところにあったが、共和国広場にくるとさすがに工事風景は消えて、落ちついた景観を呈してくる。この広場はソ連時代にはレーニン広場と呼ばれたが、当時、多くの共和国にあったレーニン広場のなかでも屈指の美しさを誇ったという。広場を中心に放射状に道路が伸びており、広場の周囲には弧を描くように博物館、ホテル、外務省などが立ち並び、なかなかの美しさだと思うが、さらに華やかだったという昔の様子は、アルメニアホテルの美しい外壁から偲べる程度だ。

エレヴァンを歩いていて、印象に残るのは車である。二十年近く前にモスクワの市内で見かけたラダとかボルガという旧式のポンコツ車が、こちらではまだ現役で走っている。おしなべてそうとう古く、バンパーなどはとっくにもぎれており、車体のそこここに錆びから生ずる穴が空いているのも珍しくない。日本の常識では動くのさえ不思議であり、車検は絶対通らない車が大部分を占めているが、そのなかでドイツのベンツ、BMWなどの高級車がかなり目につくのがまた不思議である。それでも車を持てる層は恵まれているほうで、圧倒的多数の市民は乗り合いバスやトロリーバスに頼っている。このあたりの事情は国家としてのアルメニアについて若干の予備知識が必要だろう。

世界で最初にキリスト教を受け入れた国

アルメニアはトルコ、イランの北、カフカース山地の南部に位置している。アルメニア共和国として一九九〇年独立するまでは、ソ連邦に属する十五の共和国中、最小の共和国だった。面積は約三万平方キロで日本の十三分の一。首都はエレヴァン。人口三百三十万人。九割までがアルメニア人で、ほかにロシア人、アゼルバイジャン人、クルド人など。言語はインド・ヨーロッパ語族のアルメニア語であるが、古くから異民族との交流があったため、その系統はいまだにはっきりしていない。宗教上はアルメニア教会の古い伝統がある。

アルメニア民族の歴史は古く、古代ウラルトゥ王国（紀元前七〜五世紀）までさかのぼることができる。紀元四世紀のはじめに開明者グレゴリオスの教えにより、国として最初にキリスト教を受け入れた。国教となったアルメニア教会は、「神にして人の子である」イエス・キリストの二重の性格規定が決まった五世紀半ばのカルケドンの宗教会議に出席していなかったことから、独自の路線、キリストの神性を重視するキリスト単性論派に属した。五世紀初頭には独特のアルメニア文字も発案され、聖書のアルメニア語訳もされた。

古くから大国に囲まれ、地理的にも重要な通商路の交差点であった。アルメニアの故地はアナトリア半島のつけ根、黒海とカスピ海とのあいだヴァン湖(今はトルコ)のあたりである。この土地は、地中海と黒海とカスピ海がなす三角形のなかにおさまり、複数の通商路の交差点になっている。

ひとつは中国からのシルクロードで、中央アジアを抜け、カスピ海南方にくだり、そこから黒海とカスピ海のあいだのカフカースを上がり、ヨーロッパへ入っていく交易ルート、もうひとつはインド方面からカスピ海の南方に入り、それからアナトリアの真んなかを抜けて地中海へ出ていくルートである。

このふたつの交易ルートが交差する地域がアルメニア高原で、紀元前からの重要な通商路であるがゆえに戦略的な拠点とみなされ、歴史のすべての時期にわたって、領土の分割と植民地化の命運をたどってきた。アルメニア人が故地に国家を建設・維持できたのは断続的でしかなかったのである。

古代ウラルトゥ王国は、ヴァン湖を中心にして、カフカースから現在のトルコ、イランに広がっていた。最大の版図であった九〜十一世紀のバグラト王朝の大アルメニアは、小アジア東部一帯に広がる一大王国を形成した。しかし、やがてペルシアとビザンツ帝国の間に位置した時代に入り、セルジューク・トルコ、ついでオスマン・トルコ帝国の支配下におかれた時代を経て、ロシアとトルコ両国の圧迫を受けながら生きることになった。

こうしたなかでも十一世紀から三百年の間、地中海沿岸のキリキア地方にキリキア・アルメニア王国を保ったこともある。十六世紀に入ると、オスマン帝国とイランのあいだで争奪がくりかえされた結果、アルメニアの地域は両国に分割された。

十九世紀に入ると、帝政ロシアはカフカース地方に進出。一部アルメニアはロシアの支配下に入った。一方でオスマン帝国の領土内に住んでいたアルメニア人は、権利の主張を阻まれていた。一八八〇年から九〇年代にかけて、社会主義系の政党が結成された。

一八九五年、オスマン帝国のスルタン、アブデュル・ハミトが西欧列強から国内改革の実行を迫られると、トルコ国内でアルメニア人の虐殺がはじまった。アルメニア人にとっての最大の惨事は第一次世界大戦をきっかけに起こったトルコ領内でのアルメニア人虐殺である。百万人を超える人びとが死亡し、国外に脱出したものも五十万人に及ぶといわれ、アルメニア系アメリカ人をはじめとする在外アルメニア人社会が形成されることになる。現在は六百五十万人が国外に住むという。

民族の悲願

一九一六年、ロシアはアルメニア人の多く住むトルコ東部を占領したが、国内での社会主義革命の勃発により、この地域とロシア領アルメニアの一部をトルコに割譲せざるをえなくなった。一九一八年四月、ロシアからの独立を目ざすカフカース地方のアルメニア、グルジア、アゼルバイジャンはザカフカース連邦共和国を樹立したが、利害の対立で一か月後には解体し、三つの共和国が成立した。

同年五月独立したアルメニアは、トルコと単独で戦わざるをえず、その結果アララト山、聖地アニを含むアルパ川、アラズ川以南を失った。同時期にカラバフ、ナヒチェヴァンなどの領有をめぐって、アルメニア・アゼルバイジャン戦争、アルメニア・グルジア戦争が起こっている。

第一次世界大戦でトルコが敗れると、連合国側はアルメニアの独立を認め、トルコにたいし占領地のアルメニアへの返還を求めた。しかしアメリカ国内やトルコの民族派、そして周辺諸民族の反対があり、西欧列強もトルコの戦略的位置の重要さからアルメニアへの返還に同調しなかった。こうしたなか、ケマル率いるトルコとアルメニアは一九二〇年九月ふたたび戦火を交えたが、アルメニアに勝算はなく、ソ連・ロシアの調停を受け入れ、ソ連勢力の影響下に置かれた。

一九二二年三月にアルメニアはグルジア、アゼルバイジャンとともにふたたびザカフカース連邦共和国を樹立したが、一九三六年十二月にソ連の憲法が制定されたとき、共和国は三つの連邦構成民族共和国に分かれ、モスクワの決定で改めてナヒチェヴァンはアゼルバイジャンの一部となった。

一九三〇年代のスターリン大粛清はアルメニアの民族主義を押しつぶし、宗教活動、アルメニア語の出版の禁止、映画の検閲も厳しかった。さらにソ連の要請で工業化の一翼を担わされたアルメニアでは、環境破壊が急速に進み、社会問題になった。また国外に離散していたアルメニア人が戻ってきて、急速な都市化も進んだ。

一九八八年のアルメニア大地震は、国内の経済基盤に大きな打撃を与えた。民族の悲願である旧領地の返還も進まず、スターリン時代には外相モロトフがアララト山地の放棄を宣言したし、アゼルバイジャンに渡されたナヒチェヴァン、ナゴルノ・カラバフについても、アルメニア人の要求は抑えられつづけた。ゴルバチョフの「ペレストロイカ」が進行した同年、ナゴルノ・カラバフ問題に関する抗議のデモをきっかけとして民族運動が燃え上がった。

一九九〇年八月、アルメニアは主権宣言を採択して独立した。ソ連崩壊過程に生じたナゴルノ・カラバフ問題は独立後も激化し、アゼルバイジャンとの戦争状態にまで至ったが、一九九四年五月ロシアの仲介でいちおうの停戦合意がなされた。

ナゴルノ・カラバフ問題とナヒチェヴァン問題

アゼルバイジャン共和国内にあるナゴルノ・カラバフは、クラ川とアラズ川とに挟まれた地である。二十世紀初頭以来、この地の領有権を巡って紛争が続いてきたが、一九二三年、一度はアルメニア領有が決定されたにもかかわらず、その直後にスターリンの指示により自治州とされ、行政上はアゼルバイジャンの保護のもとにおかれることになった。それ以来、自治州の人口の七六パーセントを占めるアルメニア系住民が、同自治州のアルメニアへの帰属替えを要求し、アゼルバイジャンとの間に生じている紛争がナゴルノ・カラバフ問題と呼ばれているものである。

また、ナヒチェヴァン問題というものがある。一九二一年三月のロシア・トルコ条約は「ナヒチェヴァンがアゼルバイジャンの保護統治下に自治地域を形成することに合意する」という、ナヒチェヴァンのアゼルバイジャンへの帰属をトルコにたいして約す異例の条項を含んでいた。一九二四年二月、ナヒチェヴァン自治共和国がアルメニア共和国を挟む飛び地のかたちでアゼルバイジャン共和国領として形成された。アルメニア人は、カラバフと並んでナヒチェヴァンの帰属替え要求をくりかえし掲げ、その際「トルコの圧力による」アゼルバイジャン帰属化と、アルメニア人口比率の激減をもたらしたアゼルバイジャンによる文化的・経済的抑圧政策を非難している。完全に「アゼルバイジャン化」されたナヒチェヴァンは、カラバフにたいするアルメニア人の危機感の根拠になっており、一九八八年以降先鋭化の一途をたどるナゴルノ・カラバフ問題をめぐる対立でもしばしば言及されている。

こうしてアルメニアの歴史を概観しただけでも、アルメニア民族は胸がつぶされそうな苦難の歴史を生きてきた民族だということが分かる。ナゴルノ・カラバフ問題やナヒチェヴァン問題などは紛争が先鋭化したときは日本の新聞の海外ニュースなどに解説記事がでるが、どれだけの人がその背景や歴史的由来などを理解できているか疑問だ。継続的にこの地域の問題を追っていないから、突然ナゴルノ・カラバフ問題が浮上してきても理解できない場合が多いのだ。

民族と地形

アルメニアは隣接するアゼルバイジャンやグルジアに比較しても、その自然条件、地形において恵まれていない。グルジアは黒海に国境を接し、当然港をもち、アゼルバイジャンもカスピ海に大きく接しており、緑地・平野も圧倒的に多い。この時代に、海につながるルートを確保することがどれほど国家の存亡に重要かは明らかである。その点でもアルメニアは不利な立場である。歴史的変遷を経るなかで、アルメニアは条件の悪い地形に追いやられてきた。

民族と地形という関係で思い出すのは一九九一〜九六年にかけて中国少数民族を訪ねたときのことである。広大な中国大陸のなかで、自然条件に恵まれた肥沃な土地に住んでいるのはほとんど漢民族だった。五十五に及ぶ少数民族の大部分は、自然環境の過酷な辺境地域に住んでいた。そして少数民族のなかでも、人口が多い有力な民族と数千人しかいない弱小民族とでは住む土地に格段の差があった。たとえば南部の雲南地方では、地形的に農業に向く広い平地は、人口が百万を超える有力なタイ族にほとんど支配されており、人口がはるかに少ないリス族やヌー族は、ヌー江を挟むような斜面にへばりつくようにトウモロコシなどを栽培していた（中国少数民族については「天地樂舞――音と映像による中国五十五少数民族民間伝統芸能大系」〈ビデオ四十巻〉と、各少数民族の村々を訪ねたルポ『中国55の少数民族を訪ねて』〈市川捷護・市橋雄二著〉にさらに詳細な情報がある）。

漢民族対少数民族という構図に加えて、少数民族のなかにおいても、有力な民族と弱小な民族との間に冷徹なパワーバランスが貫徹している、二重の対立・軋轢の構図があることに衝撃を受けたが、アルメニアの現実や過去の受難の歴史を思い起こすと、同じ構図が浮かんでくる。それはソ連対旧ザカフカース三国（グルジア・アゼルバイジャン・アルメニア）という構図と、ザカフカース内のグルジア、アゼルバイジャン対アルメニアの相克という構図に重なっているように思えてならない。

また、先に触れたエレヴァン市内の車事情は、圧倒的多数の貧困層とごく一部の富裕層というアルメニアの社会構造と国外居住者（経済的成功者も多い）の存在を反映している。

アルメニア人　カラヤン、ハチャトゥリヤンなど

自称はハイ（Hay）。形質上はコーカサイド人種のアルメノイド型。アルメニア系住民は世界の各地に住んでおり、各地にアルメニア教会を建てている。もっとも多く住んでいるのは旧ソ連の各共和国

（アゼルバイジャン、グルジア、ウクライナ、ロシア、中央アジア諸共和国）で百三十万余、次いで、中東のシリア、レバノン、イラク、イランにも多い。ヨーロッパでは、フランスのマルセイユ地区に多く居住し、ギリシアなどにもアルメニア人の地区がある。

十九世紀末から新天地を求めて移住したアルメニア人も多く、ニューヨークとカリフォルニア州のフレズノ近郊にその拠点があったが、現在では彼らの子孫が各地に散っている。一九四五〜四八年には、国外在住のアルメニア系移民の祖国帰還運動が起こり、約十五万人が帰還したが、目にした厳しいソ連の現実に幻滅を味わった。ソ連崩壊後の現在、ふたたび祖国への復帰の動きが見られるという。

アルメニア人は芸術家としてのセンスに優れているといわれる。先に述べたハチャトゥリヤン以外にも、アメリカの作家ウィリアム・サローヤンはアルメニア系難民の子であり、ドイツの指揮者ヘルベルト・フォン・カラヤンは祖父がドイツに移住したアルメニア系である。また、ピアニストで次のＮＨＫ交響楽団の指揮者になったウラディミール・アシュケナージもアルメニア人である。

二　籠づくりの民　アルメニア・ジプシー（ボーシャ）

ボーシャの微妙な立場

ひととおり共和国広場をめぐってホテルに戻ると、アルセン君が来ていた。彼は彼なりに母親や周囲の人たちから取材して、ボーシャの人びとに会ううえで注意すべきことがらなどの助言を聞いてきたのだ。

アルセン君はあくまで自分の参考意見であり、差し出がましいのは承知のうえと断りながら、ボーシャの人たちに会う際に注意すべきことがらとして次の諸点をあげた。

「ボーシャのなかには、自分たちをボーシャであると認めないものが多いのです。彼らの意識のなかには、自分たちは四十年間アルメニア人として生きてきたという思いがあります。ですから、仲間うちではボーシャであることを認めながら、ボーシャ以外の人間からそのことを指摘されると絶対認めないのです。

取材は今日がはじめてですから、彼らを刺激しないためにも、籠づくりをテーマにしたアプローチでいったほうがいいと思います。アルメニア全般の文化を取材にきたが、この地域は籠づくりで有名なので話を聞きにきた、という形で進めたらどうでしょうか。ジプシーとしてのボーシャというテーマから離れないと、反発されるかもしれません。ある研究者から聞いた話ですが、父親はボーシャだが自分は違うと言っている男がいるくらい、家族のなかでも微妙な意見の対立があるテーマなのです。ボーシャの家庭では、子どもたちは、歌をうたってもボーシャの痕跡を残さないよう教育されてきています。つまりアルメニア語でアルメニアふうにうたうように教育され、あくまでアルメニア人として育てられてきたのです」

このアルセン君の話を聞いただけでも、アルメニアの社会においてボーシャの置かれている位置がどのようなものなのか明確に伝わってくる。少なくとも、ボーシャという存在は、アルメニアにおいてはもろ手をあげて歓迎されていないことだけは明らかだ。彼らを取材するにはかなり慎重にことを運ばねばならない。ボーシャの存在についても暗黙の了解事項となっているが、表立った形で取り上げることは都合が悪いような雰囲気がアルメニア社会にあるようだ。そして重要な要素として、やはり彼らボーシャは被差別の存在として賎民視されているらしい。

アルセン君の話を聞いて、彼が懸命に通訳の仕事を進めたいという真心に打たれたが、一方で私は三十年前に、日本列島にわずかに残っていた大道芸・門付け芸の収録取材の際に、被差別の地域を訪ねて受けた衝撃を思い起こしていた。日本の差別された人びととアルメニアのボーシャとの間には、似通ったものがあるような気がしてならない。アルセン君を通して、アルメニア社会がわれわれにあまり深入りしないようにシグナルを送っているのか。このような感覚は、三十年前に日本で感じた、タブーにふれないほうがいいよという妙な雰囲気と共通していた。

とにかく、ボーシャに会う前から、私たちの周りにさまざまなバリアが張り巡らされているのを感じて、これからのむずかしい取材を覚悟するとともに、この取材は手ごたえがありそうだなという予感がしたのであった。

ボーシャの居住区に入る

エレヴァンの中心地から、北東に車で二、三十分の丘陵地帯にカナケル地区はあった。この地区の一画にボーシャの集落があるのだ。

狭い道の両側に、石づくりの家並みが連なっている。この裏道を行けばボーシャの集落があるらしいが、ボーシャの家に直接行く前に、角に立つ大きな農家ふうの旧家で予備知識を得ることにする。庭先に入っていくと大柄な初老の男が出てきた。どうやらこの家の主らしい。この地区のことをいろいろ聞きたいと言うと、突然の訪問にもかかわらず、気のよさそうな主はブドウ棚の下のテーブルに案内してくれた。

主のアルツルン・モブナリヤンさん（六十三歳）に、カナケル地区の簡単な歴史を聞くことにした。それによるとカナケル地区は、一世紀ごろに地区として成立した。十五〜十六世紀にはコタイク地方の中心地として栄えたが、十六世紀に起きた大地震で崩壊した。そのころ、エレヴァンはまだ単なる小さな村だった。一九五八年カナケル地区はエレヴァンの一地域に組み込まれた。

きわめて大雑把な歴史だが、一世紀にはすでに集落ができていたというアルメニアの歴史の古さと、大きな地震が起きる国なのだなということを改めて思ったのだった。

この家はボーシャではないが、なんらかの情報が得られるかもと、遠慮がちにボーシャのことを聞

いてみると、

「ボーシャは十五〜十六世紀ごろイラクから来たといわれている。また別の話だが、ボーシャのなかでは、柄の悪い、騒ぎ立てる奴のことをカラチ野郎と呼んでいるね」

と言う。あとで確認したが、「カラチ」という呼び名はパキスタンの地名とはいっさい関係なく、「カラ＝黒い」からきているとのことだった。最初カラチということばを聞いたときは、ボーシャがパキスタンのような遠いところからきたという風評を匂わせているのかと思っていたが、誤解だった。だが黒い皮膚を意味することばも、ボーシャの出自がインドであることを示しているのではないか。奥さんからおいしいコーヒーとチョコレートをいただいて、いよいよボーシャの家に向かうことにした。

籠づくりのボーシャに会う

裏道を突き抜けると広場があり、そこには素朴で、古びた石づくりのアルメニア教会があった。周囲は高い建物はないので、目立つ存在である。二、三人の老婆たちが立ち話をしている。

はじめに、この近辺では籠づくりの名人として有名な家を訪ねることにした。広場から放射状に伸びている数本の道のひとつに入り、曲がりに沿って数軒過ぎると、目ざす家だった。狭い入り口を入ると、石畳の広場があり、そこから狭い階段をのぼって二階の住居兼仕事場のような部屋に案内された。よく言えば手づくりのような感じ、悪く言えば安普請の家で、建て増しを重ねたような建物だ。部屋のなかは簡易ベッドのようなものと食器棚だけの簡素なものだ。

アラム・ゲヴォルギャンさん

ベッドに深いしわが刻まれた浅黒い顔の男が座っていた。アラム・ゲヴォルギャンさん（六十四歳）である。日本から訪ねてきた珍しい訪問者への興味が顔にあらわれていた。

「私たちは地球上のいろいろな民族を訪ねて、その特色ある文化を見て歩いています。ついてはアルメニアでも有名な籠づくりを取材に来ました」

と、すごく大雑把で申し訳ないようなあいさつをしてしまった。はじめてのボーシャとの対面で、相手の気分を損ねるようなことばを使ってはいけない、最初の印象が悪いと以後の接触もできなくなるのではないかと思い、やや過剰に構えてしまった。

アラムさんは、そうした私の緊張など関係ないように、おおらかにうなずいてくれた。打ち合わせたように、籠の取材で訪ねてきたということで、まず自作の籠を見せてもらったが、なかなかきちんとしたできばえで、次いで見せてもらったのは篩《ふるい》だった。篩は小麦用のもので金網が張ってあったが、やはり丁寧な仕上がりだった。籠の材料はウリ（uri）というつる科のものだという。日本の笹とか篠の一種だろう。ボーシャの人たちはおもに籠と篩をつくる職業に携わってきたグループであることが分かった。

籠づくりは、数あるジプシーの伝統的職業のなかでも古くからジプシーが携わってきた職種であり、インドにおいても籠づくり、篩づくりは石臼つくりなどとならんで、特定のグループの伝統的生業とされてきた代表的職種である。インドの籠づくりの先祖がアルメニアへと移動してきて、ある集団は定住し、別の集団はさらに西へ移動していった。おそらくボーシャはいつごろからかは分からないが、アルメニアに滞在したグループだったのだろう。

ジェノサイドを逃れて　日本にもボーシャはいるか

ゲヴォルギャンさんの両親は、一九一五年からのトルコのジェノサイド（集団虐殺）を避けるため、トルコのエルズルムというところから、西アルメニア（現トルコ領）を経由してロシアのクラスノダルへ逃避した。エルズルムについては、十九世紀の露土戦争（一八二八―二九）の際、従軍したロシアの詩人プーシキンが「エルズルム紀行」を著し、アルメニア人にたいする好意的な印象が描写されている。

クラスノダルは黒海にほぼ面した位置にあり、ゲヴォルギャンさんの両親はそこでの生活のあと、一九五〇年ごろにエレヴァンにたどり着いたという。トルコの東にあるエルズルムからクラスノダルまでは、カフカース山脈を越えて黒海沿いにいく千キロに及ぶ行程だ。このころの同じ境遇の仲間のなかには、グルジアやギュムリ（エレヴァンから百二十キロ北）に移動していったものもいる。アラムさんは続けて、

「しばらくは籠づくりで生活していたよ。男たちがつくり手で、女たちがエレヴァン郊外へ売りに行ったものだ。現在は自分も年をとったこともあるし、子どもたちもあとを継いでやろうとしないので、籠を売りには出なくなったよ。頼まれればつくる程度だな」

と少々さびしそうだった。家族構成を聞くと、

「家族は妻、五人の息子、一人の娘、孫は十五人いるよ。今は生活保護を受けているよ。それに加えて孫の一人がアゼルバイジャン紛争の国境警備で負傷したので、その補償金も恩給でもらっている。息子のうち、一人は道路づくりをしている」

とのことだった。話をひととおり聞いて雰囲気も和んできたので、

「歌をうたうようなときはありませんか」

と聞くと、

「歌はうたわないが、楽器はつくっていたよ」

と言って、羊の皮でつくったバグパイプのようなものを取り出した。今は壊れて使えないが、アルメニアでパルカプックというらしい。話も一段落したころ、アラムさんから、

「日本にも俺たちのような人びとがいるのか」

という質問が飛び出してきた。「俺たちのような人びと」というからには、自分がボーシャだと暗に認めているようなものだが、そのことには触れずに私は、日本列島にはインドから来たジプシー民族はいないが、漂泊しながら芸能などで生活の糧を得た一群の人びとがいた、という程度の話をしたが、あまりよく分かってもらえなかったようだ。なにしろ日本のことはほとんど知らないだろうから、短い時間では要領よく説明するのはむずかしかった。しかし考えてみれば、地球上でジプシーがいない国は中国と日本だけだ、と言われるくらいだから、アラムさんの質問は当然のものだったのだ。

最後にアラムさんは、

「俺たちはアルメニア人だ。今でも籠づくりをしているので、籠づくりで知られるボーシャと同一視され、ボーシャと呼ばれるんだよ」

と言うのだった。アラムさんの話してくれた内容は、ボーシャの人びとが歴史上遍歴を続けてきたことを強く示唆するものだったし、息子さんが道路づくりというジプシーの伝統的職種についていること、籠づくり、篩づくりをしながら羊の皮で楽器を製作する技術も有していることなど、ジプシーが携わってきた職種との強い関連も窺わせるものだった。

印象的な中年夫婦

ジプシーは記録を残さない民族で、過去のこと、歴史的記録をたどることに興味を示さない民族だといわれる。このことは、ロマニ語には文字はなく、さらに「書く」「読む」に相当することばはないと言われることなどと密接に関わっていると思われる。おそらくボーシャに関するボーシャ自身による文字の記録類は存在しないであろうから、歴史をさかのぼって彼らの道筋を探るのは至難の業だろう。

アラムさんに別れを告げると、次に二階の隣接している部屋へ案内された。八畳ほどの部屋で二人の中年の男女が籠づくりの最中だった。ウリと彼らが呼ぶ、白っぽく、太い部分が五〜六ミリ、長さが一メートル余の葦を数十本束ねながら、籠を編んでいく。この葦の形・白い色などは、写真で見たインドのラージャスターン地方の籠づくりと酷似していた。

この二人は今まで会っていたアラム・ゲヴォルギャンさんのいとこの夫婦だった。同じ敷地内に一族が住んでいるようだ。男のほうは精悍な浅黒い顔、鋭い眼光が、奥さんは美しい銀髪と柔らかな笑みをたたえた表情が、ともに印象的な夫婦だ。とくに男のほうは一言でいうと雰囲気のある人だ。二人が無言で籠を編んでいる姿をみていると、なぜか見とれてしまい、声をかけにくくなってしまったが、

「ふつうの大きさのものは、どれくらいの時間で完成しますか。一個いくらくらいで売るのですか」

と声をかけると、二人とも手を休めずに、

「一個つくるのに二時間くらいかかるね。今つくっているのがそのくらいだよ。値段は一個二千〜三千ドラムで売っているよ」

と答えてくれた。日本円で約四百五十〜六百五十円といったところだ。

私も記念に持ち帰りたくて小さいものを依頼したが、市橋さんも同調して二個つくってくれるよう依頼したのだった。値段は合計で千六百ドラムということだった。私の心のなかに籠を注文しておけば、あとで受け取りに、もう一度訪問する口実ができるという打算がなかったとはいえない。

とにかくゲヴォルギャンさん家族と親戚が一緒に住んでいる家は大家族で、何人いるかも分からないほどだった。帰りがけに、出口付近で煮物をしていた鍋があった。冬のための保存食だといったが、瓜みたいなものが煮立っていた。帰りの車中で市橋さんが、

「彼らの顔の骨格は、インド人の容貌を想起させますね。もちろん皮膚の色は白くなってはいますが」

と話した。

羊の皮ひもで編んだ篩

昼食を取りにエレヴァン市内に戻り、アルセン君推薦のバイキング専門店に入る。肉コースとヴェジタリアンコースがあり、値段は肉コースが若干高いが、室内の様子もシンプルでありながら、アルメニアふうな飾りが控えめながら効果をあげている。野菜のサラダや煮物などが中心のメニューは、疲れた胃には心地よくてありがたかった。

午後は、エレヴァン市内のボーシャ居住区として情報があった、サリタグ地区に出かけることにした。たまたまそこに、アルセン君がシリア留学をしたときの友人で、ボーシャとも知り合いの家があるということなので訪ねることにした。アポイントなしに訪れたので友人は不在だったが、気のよさそうな母親が私たちを歓迎してくれた。アルセン君の用件を聞いて、すぐに母親は裏に住んでいるというボーシャの女性を呼びにいってくれた。

まもなく腕に篩を抱えてあらわれた女性は、ヴァルドゥシュ・アヴァギャンさん（六十七歳）という快活そうな女性だった。旦那さんは今出かけているが、篩専門につくっているという。さっそく、エレヴァンに来る前はどうしていたのか、家族構成などを質問すると、

「両親は西アルメニアから来たと言っていましたが、私はエレヴァンで生まれました。夫はソ連時代には篩づくりを一時やめて、工場に勤めていました。ソ連が駄目になってから、工場もなくなったので、最近、また篩づくりを再開しました。昔は近郊へ行商に行くと、村の人たちからとても重宝がられたものです。どこの篩づくりの家でも夫がつくり、妻がそれを売りに出かけたものです」

と言った。彼女の年から判断すると、一九三〇年ごろにはエレヴァンに来たようだ。またソ連時代には、十五の共和国にそれぞれ役割を分担させていたが、アルメニアは工業分野に優れた実績を示したから、夫が一時工場労働者に転職したのもうなずける。

さらにアヴァギャンさんは続けて、

「家族は娘二人と息子が二人だけど、息子一人はロシアへ出稼ぎに行っています。どこでも今はそうらしいけど、子どもたちは篩づくりに関心はないみたいなので、私たちで終わりです。篩の値段は一個千五百〜二千ドラムです。このあたりのサリタグ地区では、二、三軒の篩づくりが残っています」

と答えてくれた。このサリタグ地区は一九四六年、シリアなど世界各地から離散家族がアルメニアに戻ってきたとき、政府から与えられたのがはじまりで、その際、ボーシャの人も移り住んだという。

ヴァハン・マテヴォシャン夫妻

仕事場を見せてもらおうと、裏につづく細い通路を入っていくと、ちょうどご主人ヴァハン・マテヴォシャンさん（六十五歳）も戻ってきていた。

ここで見た篩は、アラムさんのところで見た金網のものではなく、網目を羊の皮を細くなめしたひもで交互に編んだ見事なものだった。網の張り具合も強く、手でバンバンたたいてもびくともしない強い張り具合であった。私などには金網の篩よりも、羊の皮でつくった篩のほうが、職人芸が生んだ工芸品としても優れたものだと思えた。話の最後に、「歌などをうたうことはありますか」と尋ねたが、「みんな忘れてしまったよ」と、私の誘いには乗ってこなかった。

俺たちはロムだ！

サリタグを離れてエレヴァン市から一時間ほど車に乗って、ジュラベルという村にやってきた。途中、道路に沿ってモノレールの線路を支える巨大なコンクリートの塊が数キロにわたり続いている。アルセン君によると、これもソ連時代の負の遺物で、モノレール工事がソ連崩壊のため途中で中止されて、巨大なごみとなっている。

ジュラベル村は、放牧や農業などを細々とやっているのんびりした村だ。到着したのは午後四時半、道路の傍らの人たちもけだるい雰囲気で、なにをするふうもなく佇んでいる。時間も遅いので今日は村の様子を見て、なにか収穫がありそうだったら、後日また来ることになりそうだ。

私たちが道端の年配の男たちに近寄って、あいさつをして世間話などをしていると、ぞろぞろ村人が集まってきた。見慣れぬ人間が来たというわけで、私たちは村びとたちの退屈しのぎの見世物になってしまったようだ。集まってきたのは皆、中年の男衆だ。

まもなく痩せぎすで長身の男が通りかかり、足を止めた。色が浅黒く、はっきりした顔立ちで、どうみてもインド人にしか見えないその男は、積極的に話の輪に入ってきた。いつしか十人程度のミニ集会みたいになった。くだけてなごやかな空気のなかで、話は自然にボーシャについての話に移っていった。「インド人」は、

「私の両親は、トルコのエルズルムからギュムリを通って、エレヴァンに来たといっているよ」

と言うと、別の男が、

「ボーシャはインドにもいると聞いたことがあるけど、日本にもいるのかい」

と質問してきた。やはり同じ疑問をもっている人が多いのだ。前と同じ答えをしたが、日本にもジプシーがいると言いたい気持ちがどこかにあった。そのほうが日本列島はさらに豊かな文化を生んでいただろうと考えると、不思議な気分になる。


彼らに、自称、つまり自分たちのことをなんと言うのかを聞くが、答えがなかなか出てこない。そこで、

「ロム（lom）と言うのですか」

と聞くと、多くの男たちが嬉しそうに、

「そうだ、そうだ」

とうなずいたのだ。これには驚いた。やっぱりそうなのだと納得するとともに、大きな手がかりを掴んだ手ごたえを感じた。とにかくこの答えは重要だ。自分たち自身を指す、広く行き渡っていることばは、言語による民族の類推を可能にするからである。


ジプシーたちが広く自分たちを指すときに使う語（本来は、人間あるいは夫を指す）はヨーロッパ・ジプシーのロマニ語では「ロム（rom）」、アルメニア系のロマニ語では「ロム（lom）」、ペルシアやシリアの方言では「ドム（dom）」という。このことは冒頭に触れた三冊にも出ている。「ロム（rom）」「ロ

ム（lom）」そして「ドム（dom）」は、すべてサンスクリット語の「ドンバ（domba）」との音韻的な類似が見られ、現代インド語の「ドム（dom）」あるいは「ドゥム（dum）」と言えば、ある特定のグループを指す。

サンスクリット語で「ドンバ」というのは、「歌をうたったり、音楽を演奏する低カーストの人間」を意味し、この「ドム」は現代のインドでも生きていることばである。彼らは下層のカーストに属し、籠づくり、鍛冶、金属細工、汚物処理、楽師、皮はぎ、道化、軽業、蛇つかい、踊り、パントマイム、人形つかい、占い、予言といった、じつに多様な職種に従事する「無定形」ともいうべきグループである。

村人が自分たちをロムと言うことは、彼らがジプシーのアルメニア系ロマニ語による自称のことばを伝えているということだ。

私たちがボーシャの人たちを訪ねて、カナケル、サリタグの両地区に行ってきたというと、だれに会ったかと質問され、名前を挙げていったら、サリタグの籠づくり職人ヴァハン・マテヴォシャンは親戚だという村人もいた。改めてボーシャの人たちの大家族主義・血族意識の強さを感じたのだった。

この村のボーシャは籠づくりをしていないようなので、

「私たちは地球上のいろいろな民族の歌や踊りを見て歩いているのですが、この村にそのような芸達者はいませんか」

と質問した。最初は、歌のうまいのはいないとか、自分はへただとか言っていたのだが、私が、

「ボーシャのことば、ロマニ語でうたわなくてもかまいません。アルメニアのことばでもいいから、ぜひ伝えられている歌を聞きたいのです」

とねばった。もちろんボーシャのことばでうたってくれれば最高だが、アルメニア語でもいいから歌を聞きたかった。歌は時には、ことば（歌詞）の意味をはるかに超えて、人間のもつさまざまな感情、そしてうたう人の歴史まで伝えてしまう力があることを私は信じているので、それを感じてみたかったのだ。そこからはるか昔にインドを旅立ったジプシーの先祖の心性に、少しでも近づいてみたかった。

私たちのあまりの執拗さに同情したのか、

「三十分前にエレヴァンに行ってしまったけど、一人歌のできる奴はいるよ」

とか、「インド人」のいとこでエレヴァンに住んでいる作家が、

「自作詩を朗唱する」

とか、いくぶん答えの中身に変化が起きてきた。とにかく今日は遅いので、明日もう一度訪ねる約束をして、エレヴァンに戻ったのだった。

ボーシャはうたわない　アルメニアの研究者たち

翌日、朝九時にアルメニア民族学研究センターの本部を訪問した。私たちを迎えてくれたのは三人の研究者だった。

代表をしているアルセン君の母親、ハイラヌシュ・ハラティヤンさんは、学者というより庶民的な

雰囲気の中年女性だった。H・T・マルティヤンさんはいかにもまじめな学究肌で、名刺には人類学者、考古学・民族誌研究所の上級研究者とあり、もう一人H・L・ペトロシヤンさんは典型的なアルメニア人の風貌で、人のよさそうな感じの人だ。彼も同じく考古学・民族誌研究所の研究者で、二人ともアルメニア科学アカデミー会員でもある。

簡単なあいさつのあと、私の過去の仕事や今回の目的などを率直に話した。ペトロシヤンさんが、さっそく用意してきたらしい分厚いアルバムをカバンから取り出したが、私たちはそのアルバムを見る前に確認したい情報があった。

この情報はアルセン君から教えてもらったのだが、民族学研究センターの未発行分のロシア語で書かれた研究発表のなかに、「篩づくりの人たちの音楽」という論文があるという情報であった。タイトルから推測すると、ぜひ読んでみたいものである。しかし彼らの説明は、あの論文は、直接ボーシャからの聞き書きではなく、ボーシャの歌を聞いたことがあるという人から、歌の一部を採録したものだというのだ。つまり、また聞き情報だというのである。

ちょっとがっかりしたが、ボーシャの歌についての情報なので、この際ボーシャの歌にまだ出会えない私としては、ワラにでもすがりたい心境で、ロシア語論文の筆者に会えればありがたいと希望を述べたのだった。

さて、ペトロシヤンさんが見せてくれたアルバムは、すべて彼ら研究者がボーシャを訪ねたときに撮影された貴重な写真だった。調査した場所はグルジアのジャバフク地区のアカルカラク市、グルジアのツァルカ地区のジャバケティという町、アルメニアのギュムリ、ヴァナゾール、そしてカナケルだった。写真を見ながらの説明は以下のようなものだった。

―篩職人が太鼓職人を兼ねる場合もある。フレームづくりがいずれも同じ技術だからである。篩に使う羊の皮は村人から購入するか、もしくは篩と交換する。皮ひもは水にひたして柔らかくしてから編む。

―ボーシャとアルメニア人との通婚は以前にはあったが、最近は少ない。ボーシャの家族は身内同士ではロム語を使う。

―彼らの運搬移動手段はロバが多い。

―カナケルに占いの女性がいる。トルココーヒーの飲み跡で占う。トランプ占いもやる。占いは商売で、自宅やフリーマーケットで営業している。彼女は自分をボーシャと公言して隠そうとしない。

―ボーシャの人口はアルメニア全体で五千人くらいと推定している。

―アルメニア語でジプシーを意味することばはゲンチュ（gnchu）だが、この意味は「旅するジプシー（travelling Gypsy）である。ボーシャは今、定住しているのでゲンチュとはいわない。

―ボーシャの置かれている状況はソ連時代と比較して変わったかという私たちの質問には、全体としての社会変化（ソ連崩壊）の要素が大きすぎる。現在はアルメニア経済が悪いので、ロシアからジプシーは来ていない。ソ連時代には移動は自由だった。

―ボーシャ独自の歌、踊り、祭り、結婚式などの儀式は、今のところ存在は認められていない。

彼ら研究者たちも、ボーシャの歌、踊り、祭りなどはアイデンティティの発露として、とても重要なテーマなので、とくに注意して探ったがまだ認められていない。

一 ロシア語で書かれた論文集は、アルメニア国内では公表を意図していない。この論文が公になることによって、ボーシャにたいする差別がさらに増すのを恐れるからである。

一 ボーシャということばの語源について質問するとペトロシヤンさんは、インド起源のことばで、プルシャがなまったものだという説があるということを教えてくれた。プルシャは北インドのことばで「人」という意味である。

アルメニアへの定住は、いつごろからはじまったとされているかとの質問には、

①十七世紀にアルメニアにいたという記録はある。
②大半は十九世紀前半、露土戦争を逃れてトルコのエルズルムから移動してきた。
③二十世紀初頭のトルコによるジェノサイドの影響。

の三点が考えられるが、②の要因が大であるという。

以上、貴重な研究成果を惜しげもなく日本人の私たちに公開してくれたことに、正直なところ感謝した。そして彼らの学者としての度量の大きさを尊敬せずにはおれなかった。しかしながら、同時に、長年研究を重ねてきた成果を自国アルメニアでは発表しない（あるいはできない）背景・実情に、同情

を禁じ得なかった。

ボーシャにまつわる、このあたりの事情は微妙な問題らしく、彼ら研究者は差別を助長しないためと説明したが、アルメニア政府がボーシャの存在を公認していないことや、国内の少数民族問題に影響を与えることなど、政治的配慮が背景にあることを感じさせたのである。

ソ連の崩壊により、経済的には苦境に追いやられているが、言論・表現の自由はソ連時代よりは自由度を増したと想像されるのに、研究者自身による一種の自己規制は、この国の置かれている微妙な状況を暗示しているのか。たしかに、今のアルメニアは経済的な復興をなによりも第一に目ざしており、予算や人材を効率的に、富を生みそうな分野に集中しなければならないのだろうし、そのことを批判することはむずかしい。しかしながら、一方で公開されるあてのないアルメニアの民族誌を、明確な意志のもとに書き続ける人たちがアルメニアには存在することを、私は忘れない。

自宅まで、私たちの車に同乗したペトロシヤンさんは、あなたたちがボーシャから音楽などを採録できたら、ぜひ教えてほしい。彼も関係している古文書保存の技術研究に、日本のＯＤＡ（政府開発援助）の恩恵を受けていると言っていた。評判のあまりよくないＯＤＡだが、私には「顔の見えるＯＤＡ」となった瞬間だった。

あのガスパリヤンのバンドにいた！

午前中のうちに、オーダーした籠を受け取りにいくことにした。ふたたびカナケル地区へ出かけたが、そこでは思いがけない、うれしい情報が得られたのである。籠をオーダーした男性サロ・ゲヴォルギャンさん（四十三歳）から約束の籠を二個受け取り、千六百ドラムを支払って帰ろうとしたが、いちおう無駄でも聞いてみようと、

「歌はお好きですか」

と聞くと、

「以前は、歌手だった。ガスパリヤンと一緒にドゥドゥクも吹いていたんだよ」

と、驚くべき答えが返ってきた。

籠づくり

シヴァン・ガスパリヤンといえば、アルメニアが誇る世界的に有名なドゥドゥク奏者で、私が以前ソフト制作の会社にいたとき、三十巻のビデオ・アンソロジーとして出した「音と映像による世界民族音楽大系」のアルメニア篇を構成した唯一の映像がガスパリヤンだった。ドゥドゥクとはダブルリードの縦笛で、アルメニアやグルジアなどで広く親しまれている楽器である。
　一九八七年、ゴルバチョフのペレストロイカによる情報公開の恩恵を受けた形で、モスクワのテレビ局の一室で集中的に見た映像のなかに、ガスパリヤンがドゥドゥクを奏するものがあった。アルメニアにとって永久に忘れられないトルコによるジェノサイド（集団虐殺）を記念する石の塔の脇で奏されるドゥドゥクの旋律は、静寂で抑制を効かせながらも、深い悲嘆と諦観をたたえていた。どこか人の声にも似た響きのドゥドゥクが奏する旋律は、

それまであまり聞いたことがない祈りみたいな音楽だった。その後、日本でもガスパリヤンのCDがリリースされ、ワールドミュージックの愛好者のなかでは知られている存在だ。

目の前で籠をつくっている男、サロ・ゲヴォルギャンさんがその楽団に在籍していたというのだから、驚くのと同時に不思議な縁を感じたのである。

「三年前に自動車事故で歯の大けがをしたので、今は籠づくりをやっているのさ。歌が聞きたければ、ちょうどあさって孫の誕生パーティーがあるので、来ないか。そこでは歌もうたうし、ドゥドゥクも吹くよ」

と最高にうれしい誘いを受けたのだ。やはり無駄だと思っても聞いてみてよかった。それまで何人かのボーシャの人に会ったが、歌など芸能の話題には乗ってこないことが多く、やはり研究者の言うように歌はうたわないのかと、若干弱気になりかけていたところだった。遠い日本から勝手にやってきた異邦人の私たちを、可愛い孫の誕生日に招待してくれる彼の気持ちがうれしかった。

ロムの誇りと干草の匂い

前日、約束したジュラベル村にカナケルから直行する。途中、街道筋に立ち並ぶスイカ売りから、一個大きいものを購入したが、アルメニアではスイカは量り売りで、キロ七十(ドラム)とか八十(ドラム)とかの立て看板が林立している。千ドラム払ったから、十五キロ弱の重さというわけだ。そして雑貨店で、ウオッカも一本仕入れた。これも千ドラムだった。

ジュラベル村の名前は「水を運ぶ人」(Water Bringer)という意味があるそうだ。ソ連時代、水道も引かれていない時代に、各家庭に二十リットルタンクが配給されていた。その後一九五〇年代に水道が引かれたが、当時の名残でウォーター・ブリンガーというのだそうだ。

さらにジュラベル村は別名「ボシ・ギュク」(Boshi Gyugh)といわれるが、ボーシャの村という意味で、この地区にボーシャの人が多くすむようになって、別名がついたという。

昨日、いろいろ仕切ってくれた「インド人」、マヘル・アラケルヤンさん(四十二歳)の家を訪問した。農家ふうの家のテラスでは数人の男たちが集まって、酒宴がはじまっていた。テーブルにはトマトと漬物、ヨーグルト、パンが無造作にあり、ウオッカが強烈な香りを放っていた。アラケルヤンさんはすでに気持ちよさそうに酔っていた。まずテーブルに座って、彼が私たちを歓迎するあいさつをしてから乾杯をした。

アラケルヤン夫妻と赤ちゃん

部屋に招かれて入ったが、十畳ほどの大きな部屋だった。正面に大きな肖像画の額がかけられてあるのが目を引いた。肖像画は明らかに素人ふうの筆使いになるものだったが、アラケルヤンさんの祖父の顔が大きく描かれていた。工人帽子をかぶり、パイプをくわえて、ちょっと微笑んでいる。深い皺と柔和な目の表情がいい顔だ。反対側の壁には、素朴な表情をした祖母の写真が掲げてある。
部屋の調度品といえば、角にある素朴な食器入れと、ふたつのベッド、テレビ、三人がけのソファで簡素なものだ。赤いじゅうたんが壁かけになっているのは、アルメニアでよく見かける光景だ。その祖父母も西アルメニアを経由してきたという。昨日、彼が話してくれた、両親とともにトルコのエルズルムからギュムリを通ってエレヴァンに来たときは、祖父母も一緒だったのだ。

結局、歌をうたってくれることになったのはアラケルヤンさんだった。どのような歌が出てくるか予想がつかなかったが、貴重な機会なので録音やビデオの記録の許可をとり、部屋の片隅で歌を聞くことになった。録音は市橋さんが、ビデオは私が担当した。うたう前に彼は、壁の祖父の肖像画を見つめながら、

「自分がロムであることに誇りをもっている」

とつぶやくように言った。最初に表情豊かにうたわれたのは、短いラブソングだった。歌はすべてアルメニア語であった。最初の曲。

アラズ川を横切り向こう岸に渡った
柘榴《ざくろ》の実を投げた
柘榴の実でどうすればよいというのか
愛しい人の住むところへ連れていっておくれ
ずっと山や野原をさまよってきた
靴下を洗ってしまった
心の扉を開いてしまった

愛しい人よ、死ぬほどあなたの体を想う
あなたを想うあまり死にそうだ

二曲目もラブソングだった。

偶然美しい少女に出会った
どの部族の出身かは知らないが……
武器を使わずに殺すように
火をおこさずに肉を焼くように
私の魂を奪ってしまった
私はといえば苦しい生活に耐えるばかり
（英語訳＝アルセン・ハラティヤン、日本語訳＝市橋雄二。以下の歌詞・詩も同様）

人間のさまざまな感情表現のなかでも、恋や愛は文学・音楽などの芸術的表現の基本になるテーマのひとつだが、アラケルヤンさんの歌を聞いていると、彼らの豊かな情感と、それを切実に表現する力強さにうたれてしまう。柘榴のイメージはとても鮮烈で、色彩的であり、古代的な匂いを感じさせ、比喩も豊かである。

一曲目のアラズ川とは、トルコとアルメニアの現在の国境沿いを流れる川で、日本の地図ではアラクス川と記されている。このアラズ川は、旧約聖書「創世記」にエデンの園と目される伝説があるほどの由緒ある川である。

歌のあとに詩の朗詠も行なわれた。これはアラケルヤンさんのおじさんが、長男誕生を祝って二十年前に作ってくれた詩だった。おじさんのヴァズゲン・アラケルヤンさん（六十歳）は、エレヴァンに住む作家だという。

「すべてのボーシャに捧げることば」
どうして伝統から遠ざかろうとするのか
どうして父を忘れてしまうのか
どうして篩や籠づくりを忘れてしまうのか
どうしてことばを忘れてしまうのか
なにひとつ過去から残っているものがないではないか
先祖たちは行き、若者の時代がやってくる
連中は手足もないのに空を飛ぼうとしている
ロムであることは恥だと言いながら
ロムはいったいどこにいる
そしてわれわれはどこにいるのか
われわれをボーシャと呼んでほしくない

われわれはそんな国や民族に属しているのではない
われわれはロムということばから逃れようとしている
見よ、新しい服を着て、新しいジーンズをはき
おまえたちよ、われわれの先代たちは黒い熊の毛皮を着ているのではないか
ボーシャであるというお前たちは
どうして生い立ちや先祖のことを忘れようとするのか
どうしておまえたちはこの国（アルメニア）の一部になろうとするのか
テントで暮らしているときのほうがよくなかったか
自分たちでつくったものを売り
自由の最たるものではなかったか
おまえたちはいったいなにになろうというのか

歌いながらも、ウオッカを飲んでいたので、詩の朗詠は息切れし、途中、小休止をしながら続けられたが、詩の内容は含蓄に富んだものだった。ロムとして生きる姿勢が、まぶしいほど率直に語られている。

昼間でもやや暗い部屋の窓際にいるアラケルヤンさんの顔に、窓から差し込む陽があたり、彫りの深い表情に荘厳な印象が加わったような気がした。

お宅を辞するとき、抱擁を交わしたアラケルヤンさんの体から干草の匂いがした。

三　ジプシーのことばで歌が……

エレヴァンを離れ古都ギュムリへ向かう

今日からエレヴァンをいったん離れてギュムリという古都に向かい、そこのボーシャの人たちを訪ねることになった。最初に会ったアラム・ゲヴォルギャンさんの話にも出たが、トルコからギュムリへ移ったボーシャも少なくなかったという。

ギュムリはエレヴァンから約百二十キロのところ、アルメニアの北西部に位置している。エレヴァン市内から郊外に向かう坂道で、アルセン君が大きなアパートを指差して、「あれがパラジャーノフの住んでいたアパートですよ」と言った。

パラジャーノフはアルメニア人の映画監督で一九九〇年に亡くなったが、その死後も独自の映像と民族的視点で注目度を増している。アルセン君はパラジャーノフの映画が好きで、同じ映画を何回も見たという。

ジェノサイドの記念の丘などをやり過ごしてまもなく、ふと後ろを見ると、有名なアララト山の広い裾野が見えたが、残念なことに頂上付近は厚く雲に覆われている。日本でも富士山の完全な姿はそれほど簡単には眺められないのと同じなのだろう。アララト山はアルメニア人の心のよりどころとされている名山で、ノアの箱舟が漂着したところとされている。標高は五千百六十五メートルだから、そうとう高い山である。現在はトルコ領内にある。

途中、日本赤十字の寄付で建てられた病院などがあり、しばらくすると広い敷地に周りとは違和感がある、四、五軒の瀟洒なハウスが建っていた。アメリカで成功したアルメニア人が、故国に帰ってきて住みはじめた家だという。

進行方向の前方に連なっている山並みはそれほど高くは見えないが、頂上付近には雪が残っている。今走っている地点の標高が千メートルを超えているのだから、前方の山並みの標高は四千メートルくらいあっても当然だ。

両側に広がる土地は岩だらけの地肌がのぞいている。とても地味豊かとはいえない土地だ。しばらく走ってから気がついたが、エレヴァンからギュムリまでの道路は舗装が完璧にされていて、それまでエレヴァン市内の悪路には馴れはじめた私には意外だったが、アルセン君の説明で納得した。アメリカの自動車会社クライスラー社のオーナーがアルメニア人で、彼の無償供与で百二十キロが舗装されたというのだ。こういう類いの話がアルメニアには多い。

本来、国がすべきことをしないで(あるいは、できないで)、篤志家の善行が美談としてクローズアップされて、もてはやされる傾向は、政治や経済のうまくいっていない国に多くみられるが、アルメニアもこのケースだろう。なんとなく感じはじめたことだが、アルメニアのなかではプラスのイメージとして、アルメニア系アメリカ人の成功、アメリカ帰りの人の豊かさ、ジャズクラブのジャズなどのアメリカ的なものがあり、うまくいかない、格好悪いマイナスのイメージの代表としてソ連時代の遺物やソ連的なものが存在し、いまだにソ連時代に残された負の遺産の亡霊から逃れられないでいる。

エレヴァンを出発してから、樹木もない荒涼たる大地を走ってきて、こういう土地がらにキリスト教が根づくのだなどと勝手なことを夢想していたら、突然風景が一変した。

川が流れ、緑豊かな村が出現した。街路樹はウォールナットツリーが多く、大きな葉がつやつやしている。ブドウ畑も現れた。そういえばアルメニアはブランデーの産地として有名だ。今日八月十八日以降は、教会でお祈りをして、ブドウが食べられるのだという。アルセン君によると、アルメニアの輸出品は水、ワイン、ブランデー、ビールに果物のあんずなどである。昨年はあんずが豊作だったが、今年は雨が多くてよくないという。とにかく緑が少ないアルメニアでは貴重な風景だった。

ギュムリに近づくにつれて、道路端に石の家々が倒壊した無残な残骸が目に入ってきた。一九八八年のアルメニア大地震の震源地に近いためだが、犠牲者は二万人におよんだという。十五年経過した今でも瓦礫が累々と続くのを見て、復興が遅いと感じるのは日本人の性急さか。阪神大震災の三倍以上の死者が出たのだ。この大地震はアルメニアの経済基盤に大きな打撃を与えたが、その三年後のソ連崩壊によるアルメニア経済のさらなる疲弊と、痛烈なダブルパンチがアルメニアを痛めつけたのである。

ギュムリは地震の影響を受けながらも、古都の風格を十分たたえた山岳都市だった。巨大な樹木も多くあり、雨が降ったあとらしく、空気もしっとりしている。ホテルはベルリン・ゲストハウスという名の質素な平屋だった。このホテルは大地震の際、援助にきたドイツ隊が宿舎として使用したものをドイツの援助でホテルに改築したものらしい。部屋のなかなどはいかにもドイツという感じで合理的にできている。このホテルに宿泊したことが思わぬ幸運をもたらすということが、あとでわかってくるのだ。

家のなかではロム語

ギュムリで最初に会ったボーシャは、サムヴェル・ミナシヤンさん（四十二歳）だった。目ざしてきた人は二年前に死去しており、会ったのは同名の息子さんだった。白い生地に横縞のシャツのミナシヤンさんは短い髪の精悍そうな表情だが、話し声は小さく、つぶやくような話しぶりだった。

彼の父親が亡くなっているというので、予想はしたが、やはり息子の代になってからは篩づくりはやめていた。ミナシヤンさんは私たちがわざわざ訪ねてきたのに気を使って、父が使っていたナイフがあるはずだと探し出してきて、見せてくれた。ナイフはこれまでもボーシャの家で見たものと同じ、素朴な折りたたみ式のもので、刃は十センチ程度で何回も研がれてやや幅が細くなっており、いかにも使い込まれた様子だった。たぶん、日本の小刀「肥後守」のような存在なのではないか。手に持って見ていたら、「気に入ったならあげるよ」と言う。せっかくの申し出だったが、機内持ち込みができないことを理由にして断ったが、本当はこの家に置いておくべきだと思ったからであった。

篩づくりの話は聞けなかったが、代わりに興味深い話を聞くことができた。

「俺は歌をうたわないが、近所にはかつて楽器などをつくっていた人もいた。ダブルという太鼓や、シェビー、ドゥドゥクなどの笛をつくっていた」

ロム語について尋ねると、

「家のなかでは今でもロム語で話しているよ。『父、母、息子、娘』などの単語はロム語を使う。『犬』は警察を指す隠語だ。『猫』や『水』は知らない」

と答えた。このロム語のことばのやりとりには、集まってきた三人の男の子どもたちも参加して一緒に合唱するように口にしたので、今もこの家族のなかではロム語が使われていることは確認できた。単語だけでなく、文章でも話してもらいたかったので、「犬を見る」という文章をロム語で話してもらった。これは市橋さんがとっさに思いついた考えからだった。ミナシヤンさんは、「犬を見る」を「ディケム　ソラフ (dikhem solaf)」と言った。ディケムは「見る」、ソラフは「犬」の意味であるという。

市橋さんが、ジプシーが出演するユーゴスラビア映画「黒猫・白猫」を観たときに、ジプシーが使う「見る」という意味の語とインド語が同じだったので、ここでももしやと思い、「犬を見る」の例文を質問したというのだった。つまり「見る」などという基礎語彙は変化を受けにくいから、言語の起源を探るにはいい例なのである。市橋さんによれば「見る」にあたる北インドのことばは「デーク (dekh)」だから、「見る」という意味の動詞語幹が共通していることが分かったわけである。

「ナイフをつくる」というのは、アルメニア語と同じだったとアルセン君は言った。とにかく、現在でも家のなか、家族の間ではロム語を使用しているボーシャがいることが分かったことは嬉しい発見だった。

この訪問の最中に、突然、入り口から女の大きな声が飛び込んできた。なにを言っているのか分からないが、そうとうな剣幕で、どうも様子から察すると怒っているらしい。アルセン君と言い争っている。二、三分やりあっているうちに、女の声の調子も落ち着いてきた。あとで聞いたところ、怒っていた女性は近くに住んでおり、ボーシャと結婚しているアルメニア人であった。冷静なアルセン君から聞いた彼女の言い分は以下のようだった。

「私たちはアルメニア人だ。アルメニアのジプシーなどはいない。ボーシャという特別な人もいない。ロムのことばがあるというのは嘘だ。ロム独自の歌もない。篩づくりは代々伝えられてきただけのことだ。このへんにはボーシャなどいない」

こういう事態がいずれ起こることは覚悟しており、今まで起きなかったのが不思議なくらいだ。むしろこうした経験からも、よりいっそうボーシャの位置や実態が明瞭にみえてくるものなのだ。

意外な展開

昼になったので、いったんベルリン・ゲストハウスに戻り、昼食にしたが、これは忘れがたい料理だった。ギュムリではコルマという料理で、大きなナス、トマトのなかに肉などを詰めこんだ煮物だ。詰めものは肉以外にもいろいろ入っており、香辛料が複雑な味わいを生み、じつにおいしい。アルメニアに来てから最高のご馳走だった。ロールキャベツは日本でもあるが、コルマにはかなわない。

食後、満足感にひたっていると、アルセン君が嬉しいニュースを伝えてくれた。それは、このおいしい料理をつくってくれた女性、カナリク・トロシャンさん（五十一歳）が、私たちギュムリ訪問の目的を知り、気を利かせてボーシャの女友達に声をかけてくれたということだった。そして幸いにも、その女友達が、歌のできるボーシャの女性を知っていると言っているので、彼女に案内させるというのだった。

このホテルは、いわゆるホテルというよりは、旅籠という感じの親しみやすい宿なので、受付カウンターがたまり場になり、私たちとホテルの支配人や従業員のおばさんとがことばを交わす機会が多かった。そこでの私たちの話が伝わり、カナリクさんが助け船を出してくれたというわけだった。どこに幸運が転がっているか分からないと思いながらも、彼女の親切が身に沁みた。

まもなく現れた女性を乗せた車はギュムリ市内を過ぎ、郊外のバス停留所でいったん止まった。女性は車を降りていったが、まもなく一人の中年女性を伴って戻ってきた。ついてきた目鼻立ちのはっきりした、小麦色の肌の女性は、目ざす女性の長女だった。彼女が一家の働き頭で、物売りの商いをしているという。長女が一緒にいれば母親も心強いだろうと、私たちも安心する。

郊外を少しはずれ、目的地が近くなったころ、広場に巨大な石像が立っていた。どこか見覚えがある顔だったので、だれの像かたずねると、シャルル・アズナブールだという。フランスの歌手、俳優として有名な存在だが、彼もアルメニア人だったのだ。そう言われればあの顔は、典型的なアルメニア人の顔だった。一九八八年の大地震に心を痛めた彼は、復興資金としてそうとうの私財を投じたという。かくて石像が建ったわけだ。

ついにロム語の歌が飛び出した

「アズナブール広場」を過ぎると、見晴らしのいい野原のようなところに出た。林といえるほど樹木はなく、夏草が生い茂っている原っぱに、平屋のバラックの群れがまばらに連なっている。そのバラックに交じって古いコンテナの群れが目立つが、家屋に転用されているのだ。バラックの屋根や外壁はトタン板が多く使用されているため、すでに錆びて赤茶け、穴もそうとう空いているので、それらの家並みが続くこの地区の風景はかなり荒涼としている。見方を変えると、心象風景としてはさまざまなイメージを喚起する風景ともいえる。

そのようなバラック群のひとつが、私たちの目ざした家だった。小柄な初老の女性が入り口の前で待っていた。ナヴァルド・ハチャトゥリヤンさん（六十六歳）だ。黒々とした髪を後ろでまとめ、浅黒い顔はひきしまり、深い皺が越してきた風雪を偲ばせる。黒地に花柄のワンピースの上から、青い毛のベストを羽織っている。グリーンの石のイヤリング。まなざしは優しいが、強い意志も宿っている。

ハチャトゥリヤンさん

部屋に入ると、正面に若い男の写真の額が飾ってあった。長女の夫の写真で若くして亡くなったのだという。手製の洋服ダンスが右奥に、手前に並んでやはり手製の食器棚。簡素な室内である。

ナヴァルドさんの歌を聞く前に、二、三の質問をした。

「歌をどのように覚えたのですか」

「義理の兄の妻から覚えました」

としゃがれ気味の声で答えてくれた。この家は男手がないから篩づくりはしていない。一緒に来てくれた長女が働き手なのだ。

「一九八八年の地震後、このバラックを支給されて住んでいるのですよ。その前はアパートメントにいたのです」

短いことばでの会話ではあったが、人との対し方に不自然さやぎこちなさがなく、自在な感じで話す物腰が彼女の品性を示しているように思われた。

歌に入る前に、アルメニア語で歓迎のことばがあった。その調子は詩の朗詠のようだった。

「こちらの方々はとてもよい人たちだ。わざわざ私たちの家まで来てくれた。この人たちに敬意を払い、歓迎し、気持ちよく見送らなければなりません」

次いで、家族のことについては、つぎのように淡々と話してくれた。

「私たちはよく働くのですが、暮らしていく術があまりありません。そして私たちの存在を続けていく術もありません。子どもたちがいるのに、思うように十分面倒を見てやることができません」

そしてうたいはじめたのだが、最初の曲はロムのことばだった。通訳を務めるアルセン君が驚いた様子で、私たちを見た。あとでナヴァルドさんがアルメニア語で意味を語ったところによると、

この地から逃げ出したいと思えど、ままならぬ
見知らぬ国に至りて
わが子に会わんと故郷に帰るも能わず

という内容で、過酷な漂泊人生をうたったものだった。もう一曲、ロム語でうたってくれたが、これの説明はなく分からなかったのが残念だったが、録音には残っている。

三曲目の歌はアルメニア語だった。

汝に尋ねよう、ああ、山々よ、低くなってこっちへきておくれ
愛する人に会いにいくのよ、どうか道を切り開いておくれ
あの人を想い、胸がつまる
道は険しく石ころだらけ
子どものころから想いを寄せていたのに
律儀な人があの人を引き離してしまった
暗い一日にしてしまった
わたしの心を永遠に砕いてしまった

うたいながら、表情が刻々と変化していく。とくに目の表情が豊かで魅力的だ。マヘル・アラケルヤンさんの歌からも感じたが、恋や愛情をテーマにしたものには、情感が脈々と伝わり、彼らの豊かな感性と表現能力の高さを感じさせる。

最後は短い詩を朗唱した。

孫が家を出て行った
わたしの足はあの子に会いにいけるほど長くはない
どんなにあの子を想っているか、ことばで言い表すこともできない

わたしはもう年老いてしまった
もうじき死んでしまう
孫にも会えないだろう
どうすればいいのだろうか

最後のほうは、つぶやくような語りだった。

両手の指を組み合わせたり、前に交差させながら、少ししゃがれた声で、巧みに小さなこぶしを駆使してうたう歌を聞いていると、トニー・ガトリフ監督の映画「ベンゴ」の一シーンを思い起こしたりした。それはパケーラというフラメンコのヴェテラン女性歌手が洗礼の歌をうたっているシーンだった。パケーラの歌には、どこか古い歌の基層のようなものを感じたが、ナヴァルドさんの歌にも同じ匂いがあった。

アルメニアに来て、ついにロム語でうたわれた歌を聞くことができた。エレヴァンで研究者に会ったとき、彼らもボーシャのアイデンティティの発露としての歌などを採集したいと思っているが、現在まで実現していないと言われ、専門家の彼らがそう言うからには、よほど困難なのかと思ったが、

先のマヘル・アラケルヤンさんに続いて、二人目の歌を聞くことができたことは幸運だったとしかいいようがない。

そして最後の歌ではハミングだけで、手拍子を入れながら、やがて両手を上にかざし、豊かな手ぶりを見せてくれたのだ。これには私も少々驚いた。歌をうたうだけでも彼女の心のなかにある葛藤があったろう。久しぶりの歌かもしれないし、知らない人の前で歌をうたうことにはためらいや戸惑いもあったはずである。

さらに言えば、ボーシャであることを隠しはしないが、あえて公言することもないと思っていたかもしれない。だが、歌をうたっているうちに、そのような思いが自然に消えていき、体が反応して最後の身ぶり、手ぶりになったのではないか。それは短いものだったが、手馴れた手ぶりを見て、ついにジプシーの心性に触れたと思った。それほど彼女の手の動きには、ジプシーの肉体化されたリズム感が込められていた。

ボーシャと十五年間暮らした占い師

占いは、ジプシーの女性の伝統的な職種である。ギュムリにも有名な占い師がいると聞いて、会いに行った。ルイザ・ゲヴォルギャンさん（四十二歳）は、小柄で愛想のいい女性だった。彼女はボーシャではないが、境遇が劇的でボーシャに詳しいらしい。彼女が言うには、

「私は十四歳のとき、ボーシャの一族にさらわれたの。むりやりボーシャの男と結婚させられたけど、夫となった人が酒飲みでどうしようもない。しかたなく二十九歳のとき別れたの。結局十五年間

もボーシャのなかで暮らしたことになるのよ」

彼女の話で興味を引いたのは、ボーシャの人たちは、ボーシャ以外の人間を「カチュート（katchut）」と呼ぶという話だった。つまりふつうのアルメニア人のことをカチュートと呼ぶ。このことはロム語の各方言のうちで、ジプシー以外の人間を指すもっとも知られた名称の「ガジョー（複数形はガジェー）」と、なんらかの関係があるのだろうか。

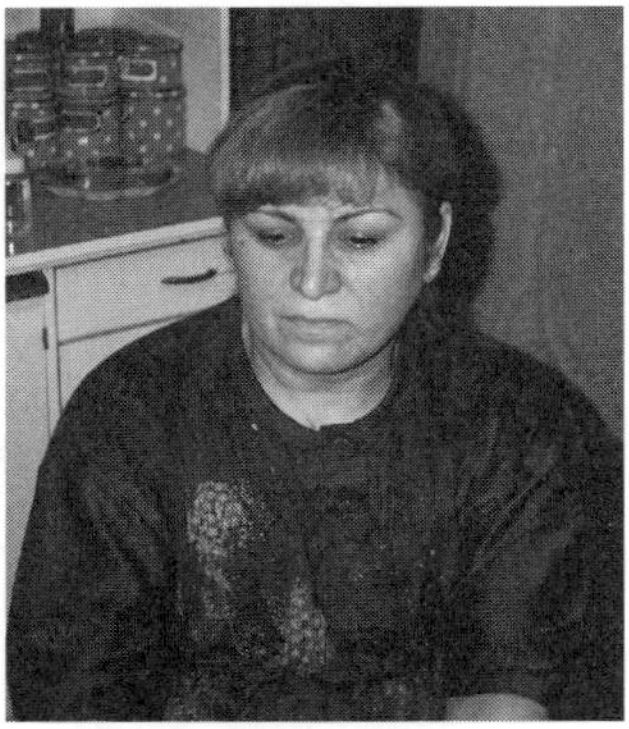
占い師のゲヴォルギャンさん

占いのときには、となえごとや水晶などの小道具類を使うのかと質問すると、

「いっさいそういうことはしません。その人に会った瞬間に感じるテレパシーや、集中力をもって、相手の目を見て判断するだけですよ。これは人から教わったのではなく、生まれつき頬にあった十字の印が目立ちだした七歳のときに神の啓示を受け、私の力を悟ったのです。また占いではなく、ヒーリングというか、手をかざして頭痛を取り去ることもやります。自分から出かけて行くことはしないで、依頼主がここにやってくるときに占いをします。もちろんコーヒー占いもしますよ。さて、あなたを占ってみましょうか」

矛先が向いてきたので、市橋さんを推薦したが、あとで感想を聞いたら、あたりさわりのないことばかりだったという。

アルメニアのクルド人

今日、最初に会ったミナシヤンさんから紹介された、籠を今でもつくっているグリシャ・トノヤンさん（七十七歳）を訪問した。このあたりの家の前には、朝顔やコスモス、そしてひまわりが盛んに咲いており、日本の庭の風景を思い起こさせてくれて親近感を覚える。

グリシャさんは、歌については、「アルメニア語のものでも知らない」と素っ気なかった。ことばについては、ボーシャ独自のことばは知らないが、符牒は知っているという。

「今つくっているのは、篩だけだよ。この近所でも二、三軒つくっているが、わしの技術が一番だと思うよ」

と言いながら、皮ひもの目が細かい篩を見せてくれた。目が細かいところが技術の見せどころなのだろう。

「だが生活は苦しくて大変じゃ。まだこのあたりはガスも来ていないのだ」

などとつぶやいた。お宅を辞する際、プラスチック製の小型の篩をいただいた。

朝から三人のボーシャの人たちと占い師に会って、かなり疲れたので、夕食はホテルで済ませることにした。ホテルに戻ってさっそくカナリクさんに御礼を述べ、望みがかなったことを伝えたら、彼女も嬉しそうだった。

ロム語の歌を聞くことができたので、心地よい疲れを感じながらも気分は高揚していた。同行してくれている運転手さんも交えて、アルセン君、市橋さんと四人の食事は質問合戦になった。テーマは両国の国民の所得や物価事情を中心とする経済問題だった。この話題は運転手さんから出されたのだが、東京に住む人の平均的月収などを聞くと、その高さに驚くが、賃貸マンションの家賃を聞いて、さらに驚くという具合であった。いったいどのような社会なのかイメージできないのではないか。

話の最後に、運転手さんが、日本の年金制度のことを聞いてから、「父親の年金が月十ドル程度だ、ソ連時代はもっとよかったが」と言ったなかに、アルメニアの現実が窺えた。

食事後、ホテルの自室でテレビを見る。テレビにはサテライトのアダプターがついており、各国二百チャネル以上の番組が見られる。ヨーロッパの各国は、もっぱらこの夏起こったばかりの洪水のニュースが多かったが、目を引いたのは、クルド人の放送局がふたつあったことだ。

ひとつはイラクから、もうひとつはトルコからだった。英語の部分もあったが、流行のポップスらしき曲を延々と流していた。私は十年以上前に「路」、「群れ」という二本のクルド映画を観て、その表現の力強さとクルド人の抱える苦難に強い衝撃を受けたことがある。またそのまもなくあとに、船戸与一の『砂のクロニクル』を読んで、クルドの悲劇性とともに、この世界の不条理を強く意識させられた。

クルド人は人口二千万とも二千五百万ともいわれ、大半がイスラム教スンニ派に属しているが、詳細はいまだに不明な「国家なき民族」である。トルコ、イラン、イラク、シリア、アルメニアなどの山岳地帯に住む半遊牧民族で、彼らの主要居住地域は「クルディスターン」と呼ばれている。第一次大戦後一九二〇年のセーブル条約で、連合国はクルド国家の建設を約束したが、立ち消えになっている。各国においてクルド人は少数派で、その民族的権利に承認を求める運動と、それを制限しようとする各国政府との間に対決がくりかえされている。

昼間、ギュムリの町を車で移動していたときに、アルセン君が、通りを指さして、彼女はクルド人ですと言ったことがあった。振り返ってみたが、はっきりした特徴は分からなかった。とにかくボーシャのことばかり考えていたが、アルメニアはクルド人が一番多く分布しているトルコ東部に接しているし、アルメニア国内にも先に述べた四か国ほど多くはないが、少数民族として居住しているのである。

廃墟でも美しい工業都市

ホテルのカウンターに置いてあったパンフレットを見ると、ギュムリの歴史は紀元前三〇〇〇年にさかのぼるらしい。たしかに大地震の傷からは完全に復興しているとはいえないが、建築物、教会などのもつ風格は並外れていた。史跡なども多いようだが、すべてあきらめてギュムリを離れることにする。

ギュムリから東に向かい、ヴァナゾールというかつての工業都市を経て、セヴァン湖を見物しながらエレヴァンに戻る予定だ。

ギュムリからの道は、それまでの舗装された道路とは一変した悪路の連続だった。ここまではクライスラーのオーナーもやってくれなかったようだ。だが周囲の風景は緑がわりあい豊かにあり、標高も千五百メートル前後で涼しく、快適なドライブだった。

ほどなく、アルメニア大地震の震源地のスピタクという町が右手に見えてきた。ここは地震で完全に破壊されて、今見える家々はすべて新築されたものだという。たしかにこれまで見てきた風景と、スピタクの町の風景はまったく様相が違う。古い町並みの写真の真んなかにプレハブつくりの家並みをはりつけたみたいな不自然さだ。震源地だけに、世界からの援助が集中的に投下された結果だろう。

まもなくヴァナゾールに入ったが、その想像以上の広さと、かつての工業都市としての規模に驚かされた。山間にかなり広い盆地が広がっており、そのなかを川も流れており、工業都市としての立地条件はめぐまれている。緑豊かな周囲の斜面には住居が並んでいる。ソ連時代に工業部門を担わされた中心地として、さまざまな工場があちこちに建設され、労働者が住みつき、そうとうの活気を呈していたのだろう。当時の人びとの生活感あふれる情景が眼の前によみがえる。しかしながら、社会主義の思想が現実的な力をもち、その最大の具現化であるソ連邦の一員、アルメニアのかつての栄光が、夢破れた無残な姿で横たわっているのを目にしていると、負の歴史を突きつけられているような気分になってくる。

セメント工場などの巨大な廃墟の群れには、一瞬シュールな現代美術を鑑賞しているような錯覚を覚えるが、営々と積み上げてきたものが巨大な廃棄物に成り果てている姿には喪失感を覚え、胸をつかれる。ヴァナゾールは、地形的にも近い隣国グルジアの影響も受けており、方言や独特の地方色をもつ街のたたずまいは今でも十分に美しい。サナトリウムがあり、かつてはエレヴァンから人びとが訪れたというのもうなずける。廃墟ですら飲み込む美しさが地形的にも備わっている。大地震とそれに続くソ連崩壊の深刻な影響を経て、ヴァナゾールはまだ立ち直れないでいるようだが、日常は容赦なくやってくるので、人びとは生活に立ち向かっていくしかないと覚悟しているようだった。

皆がボーシャみたいなもの

アルセン君の母方の親戚がここに住んでおり、彼はつい二週間前にも訪れたそうだ。彼も気に入っているところで、子どものころから来るのが楽しみだったという。親戚の家は手作りの二階建ての家だった。地震後、高層のアパートには入りたくないので、自力でつくったという。手づくりにしては立派なものだ。こうした家を自分で建ててしまうエネルギーと器用さには感服してしまう。コーヒーをいただきながら、この近辺のボーシャのことなどを叔父さん夫婦に質問した。

「このあたりのボーシャも、篩づくりをしているよ。キャンディを売って歩くのもいるが、今ではほかの人もするようになったね。昔はボーシャだけが物売りみたいなことをしていたが、今はこういう困難な時代だから、皆がボーシャみたいなものだ」

と笑った。加えて昔のことを話してくれた。

「子どものころは、ボーシャは怖い存在だったし、ボーシャの子どもたちは学校には行ってなかったよ。昔は顔が色黒で鼻が大きいとかで（ボーシャであることが）分かることもあったが、最近は外見だけではわかりづらくなったよ。彼らは、トルコ語の言い方で『ボーシャはいつまでたってもボーシャ（アルセン君の英語訳は“Bosya can never be King.”）』といわれていたよ」

コーヒーブレイク後、ヴァナゾールのボーシャを数人訪ねたが、病床にあったり、篩づくりをやめていたりで、収穫はなかった。残念だが次の目的地、セヴァン湖へ向かうことにした。

セヴァン湖にいたる道路からは養蜂の一団が多く見られたが、道すがら花売りの人を多く見かけたりしたのは、花が豊富な土地なのだろう。東に向かって進んできた道をセヴァン湖に向けて南下する起点の町がディリジャンというところだが、樹木が鬱蒼とした保養地で、街道筋の雰囲気が日本の塩原温泉に似ているのが面白い。ここは作曲家ハチャトゥリヤンがしばらく滞在したことでも有名らしい。

さらにしばらく進んだ地点では、質素な木造の家々が立ち並んでひとつの集落を形成していた。ソ連時代に移住してきたロシア人の村であった。それまで石づくりの住居群を見てきた目には、木造の家々は新鮮な光景であり、ひっそりとしたたたずまいが印象的だった。

セヴァン湖は市民の憩いの場であり、アルメニア有数の観光地のひとつであるが、訪れたときは八月の観光シーズンにもかかわらず人出は少なかった。アルメニアを訪れる外国からの観光客が基本的に少ないうえに、一般のアルメニア人にも生活の余裕がまだ戻っていないのだろう。

旧ソ連邦から独立した諸共和国に共通する懸案に、環境破壊の問題が横たわっており、カザフスタン共和国のように核実験の現場を抱えていたところはもとより、アルメニアも狭い国土で、工業生産に全力をあげてきたのでその被害が酷いようだ。セヴァン湖も一九六〇年代には美しく、良質の水があふれる、のどかな光景を見せていたが、ソ連時代に建設された水力発電所がセヴァン湖の水を大量消費したために、一九八〇年代から水位が徐々に下がりつつあり、いずれ消滅するのではないかと危惧されている。

アルメニア高原全体は、溶岩台地と褶曲山脈が国土の大半を占め、森林部分は全土の十分の一しかない。さらに乾燥した大陸性の気候で雨量が少ないのも、水位低下に影響しているようだ。

浜辺では数十人の若者が泳いでいたが、売店もなくひっそりした光景だ。ただ一艘の豪華なクルーザーが、周囲となじまない様子で浜に繋留されていた。

昼食に入ったレストランでは、セヴァン湖でとれた「イシハン」とよぶ虹鱒の塩焼きがうまかったが、周囲の環境破壊の影響で、この特産の虹鱒もいつまで獲れるのか危惧されているという。

中央・周縁・辺境

夕刻五時ごろといってもまだまだ陽は高いのだが、エレヴァンに帰ってきた。アルメニアの北部をざっと回ってきたことになるが、改めてエレヴァンを見直すような感覚にとらわれる。モスクワからエレヴァンにはじめて入ったとき感じた感覚と、アルメニア各地を巡ったあと改めて感じたエレヴァンにたいする感覚は、かなり変化しているのが面白い。

こうした感覚の変化は、中国少数民族の村を訪れていたときにもたびたび味わっていた。中国西南部の雲南省の少数民族を訪ねるときは、だいたい北京から昆明という省都に飛んで、そこを基点にした移動をくりかえしたが、二週間から一か月にわたる辺境の村での滞在のあとに昆明に戻ってきたとき感じたものが、同じ種類の感覚だった。

モスクワとエレヴァン、北京と昆明との関係では「中央」と「周縁」という概念でとらえていたものが、エレヴァンとギュムリ、昆明と少数民族の村との関係では「周縁のなかの中心」と「周縁のなかの辺境」という関係に変化する。中央から周縁へ、さらに辺境へと移るにつれて、そこの文化・習俗は民族的色彩が濃くなる傾向があるが、経済的基盤や効率的生活は徐々にレヴェルが下がるという

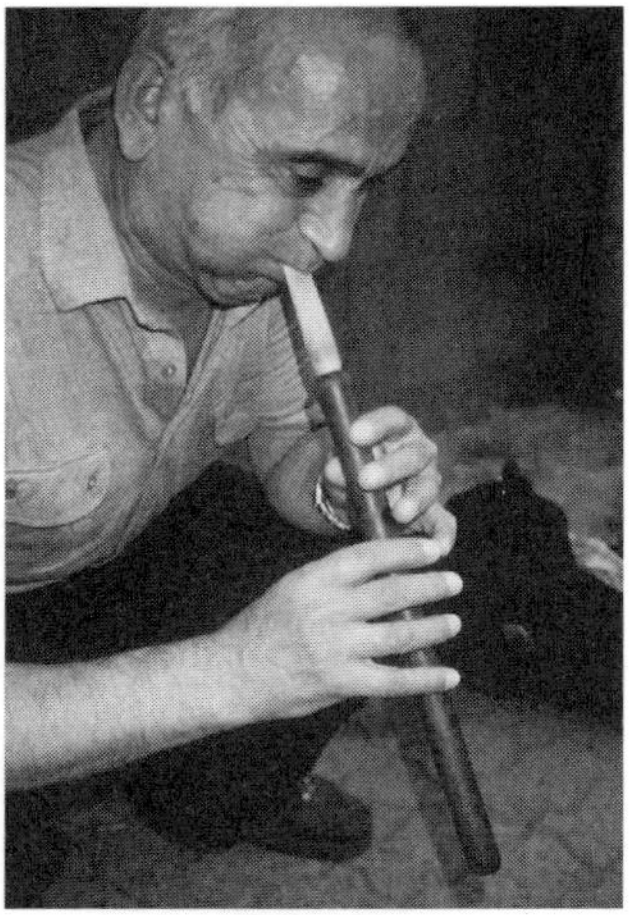

ドゥドゥクを吹くコチャルヤンさん

関係だ。

電気がない村の生活のあとに見る昆明が「なんと巨大な都会なのか」と新発見したような気分になる。ものを見る目線や感覚が、少数民族の人に同質化してしまっているのだ。私はそうなった目線や感覚を大切なものと思いたいし、できるだけ長く持続したいと願うのだが、巨大な都会に入るとその呪縛に搦めとられてしまうのだ。エレヴァンに戻ってきて感じたものは「なんとエレヴァンは巨大な都会なのか」という思いだった。

帰りの車中で、思いついたことがあった。ジュラベル村で会ったマヘル・アラケルヤンさんが朗詠した詩の作者である実兄が、エレヴァンにいるということだ。ロムであることを誇る兄の自作朗詠を聞いてみたくなったのだ。ホテルから聞いてきた兄の連絡先に電話してもらうと、兄はいた。が、病気で具合が悪い、趣旨には賛成なので、二、三週間後にもう一度連絡してくれとのことだった。

夕食に出かけたが、薄暗い道路の歩道の片隅からドゥドゥクが聞こえてきた。大道芸人の男が一人立っていた。人通りもそれほど多くない道で、たぶん警察などの取り締まりをさけながらの営業行為なのだろう。今まで多くの大道芸人を見てきたが、侘しさがひときわ漂う光景だ。

ドゥドゥクのほかに、クラリネット、リコーダーも置いてある。千ドラムを渡して、演奏してもらう。腕はまあまあだが、商売としては大変だろうなと同情を禁じえない。人びとの生活に余裕がでるか、観光客が増えないと収入は増えない。名はラック・コチャルヤンさん（五十一歳）といった。

さらに目ざしたレストランがある池のほとりで、もう一人の大道芸人がアコーディオンを弾いていた。どこか懐かしい感じの曲をくりかえし演奏していたが、立ち止まったり、振り返る人はほとんどいなかった。

レストランではジャズの生演奏をしていたが、アメリカジャズのコピーだった。メニューに寿司があったので、安全をはかり六百ドラムのカッパ巻きを頼んだが、味はまああであった。

四　ジプシーの心根

ジェノサイド・メモリアル

翌朝、いずれ行かなくてはならないと思っていた、ジェノサイド・メモリアルを訪れた。心のどこかで、アルメニアに来てすぐに過酷な歴史を突きつけられるのを無意識に避けていたと思う。

丘の上にあるジェノサイド・モニュメントは、トルコによって大量虐殺された百万に及ぶアルメニア人の犠牲者を追悼して建てられた。アルメニア数千年の歴史上、最大の悲劇である。まず目に飛び込んでくるのは、矢のように尖った四十四メートルの石碑である。花崗岩でつくられ、空を突く塔は、アルメニア人の存続と精神の再生を象徴するものとされている。石碑の塔に走る深い割れ目は、アルメニア民族の悲劇と分散を象徴しつつも、同時にアルメニア民族の団結も表現している。この石碑の塔を眺めていると、それが矢のように突き刺さるような感覚に襲われるほどである。

そしてモニュメントの中央に、追悼の円形サンクチュアリ（聖所）が立っている。十二枚の高い、中央に向かって傾いた玄武岩の厚い板が円を形成しており、屋根はない。これらの厚い石板も悲しみを象徴しているという。

訪ねたときは朝だったせいか、一人の中年の女性がサンクチュアリの床を清掃していた。中央部には永遠の炎が燃えており、傍らに彼女が手向けた一輪の真紅のバラが置かれていた。アルメニア教会の祈りの音楽がかすかに流れている。石板から炎への勾配ある斜面は、訪問者が自然に頭を垂れるよう設計されているという。石碑の塔とサンクチュアリは一九六七年に完成した。

アルメニア人大量虐殺とは

オスマン・トルコ帝国のアブデュル・ハミトとトルコ軍部による、十九世紀末および第一次世界大戦中の一九一五年に起こった、トルコ国内のアルメニア人の大量虐殺についてふれなければならない。

トルコ東部のアナトリア地方を、祖先の地と考えて住んでいたオスマン帝国時代のアルメニア人約二百五十万は、帝政ロシアの支援を受け、重税と差別の撤廃と民族の自立を求めていた。分離独立運動を抑えたいスルタン、アブデュル・ハミトは、地域の遊牧民クルド人を巻き込む形で、運動を圧殺しようとしていた。一八九五年からはじまった虐殺は、五万人が死亡したといわれる。

さらに、一九一五年に起こった虐殺は最大規模だった。トルコ軍部は、自国の背後から攻撃するロシアに呼応した、国内のアルメニア人の一掃を計画した。虐殺による死者は百万を超えたといわれ、トルコ国外に逃れたものも五十万を超えていた。アルメニアはとくに一九一五年の虐殺について、トルコ人関係者の犯罪を追及しようとしたが、戦後のトルコの戦略的地位に注目した西欧はこれに加担せず、ソ連政府もアルメニア人の民族運動の高揚を好まず、トルコとの友好関係を重視したため、アルメニア人にとってこの問題は癒しがたい傷跡を残した。

しかし、最近になって、アルメニア人虐殺の存在を認めようとする世論が起きて、国連などを中心に動きがある。現在も続いているアルメニア人とトルコやアゼルバイジャンとの対立の根底には、こうした虐殺という問題がある。

ジェノサイド博物館

一九九五年に建設されたジェノサイド博物館は、近くの石碑の塔とサンクチュアリの一体となった景観を損なわないため、丘の内部に位置するように建てられ、屋根も平らでコンクリートのタイルで覆われている。

入って最初の展示は、アルメニアらしく石に彫られた地図で、歴史的なアルメニア高原と近隣の国々を示している。北に黒海、東にカスピ海、南にイラン高原、そして南西に地中海を配した地図は横九メートル、縦五メートルもある大きなものだった。そしてこの地図は、一九一五年の大虐殺までに、アルメニア人が居住していた西アルメニア（現トルコ領）と、トルコのテリトリーを示していた。それから教会や学校など各種の人口統計の数が掲示されている。たとえば一九一四年と虐殺後一九二二年の、各地域ごとの人口の激減が示されている。

ボーシャの人たちが避難してきたと述べていた、トルコのエルズルムの人口推移をみてみると、一九一四年の人口二十一万五千人のうち、国外追放もしくは殺害されたものは二十一万三千五百人で、一九二二年の人口は千五百人という凄まじい激減である。

第二の展示は、アルメニア人にたいして行なわれた虐殺の目撃の報告書・記録、そして一九一五〜一七年にかけて撮影された大量の写真。目をそむけたくなる残虐な写真だ。また外国の国際機関や議会などにより発行された資料、ジェノサイドについて各国語で書かれた著作物や刊行物の展示など。これらの間に、アルメニアの画家によって描かれた人物画が並んでいる。いずれも弾圧を受け、瀕死のアルメニア人が苦悶する表情や姿態を描写したものだが、リアリズムではない抑制のきいたやや抽象的手法で描かれているので、露骨な印象は受けなかった。

気が重くなった博物館見学の最後に、小さな売店に寄った。アルメニア音楽のCDなど購入したが、何気なくぱらぱらめくっていた小冊子の絵にとても引き込まれた。ジェノサイドを生き延びたヴァルドゲス・スレニアネスという画家の紹介パンフで、二十七ページの質のよくない紙に印刷されたものだった。母親と男の子の連なり芸人を描いたもので、道で弦楽器を弾く母と、投げ銭を入れる籠を両手に抱きながらうたっている、けなげな少年の写実ふうの絵だ。

母子の大道芸人（ヴァルドゲス・スレニアネス画）

長年こういう世界の芸能者を追いかけてきた私には、このような親と子の道行きを思わせる姿には理屈抜きで感動してしまうところがある。ここには国を超えた人間の感情が活写されている。

博物館を出て、重く固まった脳を柔らかくしようと、前庭をぶらぶら歩いた。そこには各国の要人が訪れた際の記念植樹がされており、プレートにはヨハネ・パウロⅡ世やゴルバチョフ時代のソ連外相で今はグルジア大統領、シュワルナゼの名前などがあった。

三度目のカナケル地区訪問

博物館からエレヴァンの市街に出ると、空はあくまで青く、空気は乾燥し、市民たちは相変わらず働いていて、博物館内で見たジェノサイドの光景が幻想だったような錯覚にとらわれた。重い歴史的体験を背負いながら、現在のアルメニア人は生死の境をくぐり抜けてきて、生存から生活へと視線を転換させ、生きることの重さのなかにいるようにみえる。

今日の夕刻、ゲヴォルギャンさんの孫の誕生パーティーに出席するため、カナケル地区に集まり、そこから出発することになっていたので、午後は早めに行って、別のボーシャに会うことにした。親しみすら覚えるようになってきたアルメニア教会の前からの道を入り、ゲヴォルギャンさんの隣の家にお邪魔することにした。サルギス・アンバリャンさん（六十三歳）はちょうど籠づくりをしている最中だった。銀髪のアンバリャンさんは、フランス映画の大スター、ジャン・ギャバンを思わせる風貌で答えてくれた。

「籠づくりは代々継がれてきて、わしも三十年間つくっているよ。息子たちはわしのあとを継ぐ気はなく、日雇いの仕事をいろいろしているよ。わしとしては息子たちに籠づくりを教えたいのだが。籠はつくろうと思えば、一日に十〜十二個つくれる。一個について四百ドラムくらいの材料費がかかるが、売り値は一個千ドラムくらいだ。今はなかなか売れないよ」

製作過程もずっと見せてもらったが、途中でこんなものもつくるよと、長方形（五十×七十センチ）のござ状で、片側に手を入れる穴がある織物を持ってきたが、ナン（薄焼きパン）を焼くとき載せて使うもので、これははじめて見るものだった。

日本にも篩はあるのかと聞かれたが、もちろんケーキつくりで小麦粉を篩でこすときや、園芸用のものでは、土の粒を分ける際に使うのがあると答えたが、自信はあまりなかった。

穴掘り人生の男

カナケル地区のアルメニア教会の前を歩いていたら、アルセン君が知人に会い、あいさつを交わして、われわれを紹介してくれた。知人はこの教会の事務をしている人だった。お茶でもどうぞという誘いを受け、しばらく教会の彼の部屋で話を聞いた。

彼の話で印象に残ったことは、「ボーシャの先祖はインドからきたのです」とはっきり言ったことであった。アルメニア人の間で、ボーシャはジプシーであるという一般的な共通の認識があることが分かった。

愛想のよい彼は、ぜひ会わせたい男がいるのだが、時間はあるかと聞いてきた。小一時間ならと答えると、車に乗せられた。車中で聞くところでは、これから行くところは穴掘り男の家だという。なんのことかわけが分からない。ボーシャとは関係ないことのようだ。ただ一日じゅう、自宅下の地面を掘り続けている男で、三年前にアルメニアのテレビで紹介されたとき、教会の人がコーディネーター、アルセン君がリポーター役をつとめたのだという。ますます不思議な話で、頭が混乱してくる。

穴掘り男

半信半疑でいるうちに到着して、ある農家ふうの家に誘われた。出迎えた夫人は二人とは顔見知りらしく、あいさつ抜きでわれわれをさっそく現場へ案内してくれた。最初は地下室程度のものだろうとたかをくくっていたが、手掘りで掘られた土の階段はどんどん下りていく。途中、小空間がいくつかあり、テーブルなどの調度品が置かれ、電気も点いている。階段の踊り場には壁をくりぬき、宗教画が飾ってある。気温も下がり、冷え冷えしてきた。ワインが並べてある。天然の冷蔵庫だ。そのうち、カーン、カーンという槌を打つ音が聞こえだした。地下どのくらいなのか見当もつかない。迷路のような地下の階段をなおも下りていくと、薄暗がりのなかから、槌を打っている男の姿が浮かび上がってきた。白いひげをたくわえた六十歳前後の温厚そうな人だ。彼の話は現実離れしたものだった。

「二十年間毎日、家の底から穴を掘り続けているよ。最初の三年間は大工の仕事をしながら掘っていたんだが、時間が惜しくなって、あとの十七年間はもっぱら穴掘りだけだ。一日に十六〜十八時間は掘っているよ。おかげで、以前は太っていたが、今は体形が一変してスリムだ。穴掘り人生に入ったきっかけは、ジャガイモの貯蔵庫をつくるつもりで掘りはじめたのだが、いつのまにか掘るということ自体に完璧にはまってしまったんだ。ここの地盤はトゥファ石という種類だ。深さは今のところは地下二十一メートルだが、どこまで深くなるか楽しみだよ。掘る道具は槌だけだ。今では地下にいるほうが、体調がいい。表に出ると調子があまりよくない」

家族もいるだろうし、どうして生活しているのか不思議だったが、食料は自給自足で子どもたちも働いているようだ。たまに見物にくる人には、見物料をお願いしているという。

とにかく変な理屈をつけないで、ただ穴を掘ることだけに没頭している人生に、素直に乾杯したい気分だった。

ほとばしる絶唱　結ばれたジプシー像

穴掘り男の家から、直接アシュタラク市に向かう。エレヴァンから三十分の距離だ。そこはサロ・ゲヴォルギャンさんの娘さんが嫁いでおり、今日は孫娘の一歳の誕生日なのだ。その会に私たちも招かれたのである。娘さんが結婚した相手はボーシャではないという。途中で祝いのウオッカと果物を買い込んでから訪ねたが、家にはすでに両方の家族が集まり、にぎわっていた。

女たちは食事の準備で忙しい。ゲヴォルギャンさんと男たちは、赤いじゅうたんの壁かけを背にしてテーブルの中央に座っている。壁かけには額が二枚並んでいる。娘婿の父親と祖父だという。テーブルには豚肉の煮物、トマト、チーズ、パン、そしてウオッカ、ジュースなどがあふれんばかりに並んでいる。

われわれの到着を待っていたかのように、クラリネットやドゥドゥクの音が流れだした。最初は出席者の顔を見てもだれだかわからないままに乾杯がはじまったが、しだいにだいたいの見当がついてきた。ゲヴォルギャンさんの嫁いでいる娘さんは、やせぎすのきりりとした美人で、てきぱきとテーブルと台所を往復しており、最後までテーブルに着くことはなかった。ほかの女性たちも同様で、ゲヴォルギャンさんの妻も終始、キッチンでかいがいしく働いていた。女性たちはこういう集まりでは、裏方に徹して、表に出ない習慣のようだ。

テーブルには、娘さんの夫とゲヴォルギャン家の男たち、そして近所から来た合奏相手が座っている。男たちと握手を交わしてあいさつしたが、右手の指が三本欠けた男の人を

ゲヴォルギャンさんの絶唱

と握手したとき、アラム・ゲヴォルギャンさんが言っていた、アゼルバイジャンで負傷した孫だと分かった。

ゲヴォルギャンさんは一歳の孫娘を抱きながら、じつに幸せそうな表情をしている。口数は多くないが、彼の機嫌がいいことはひと目で分かる。孫を父親に預けると、ドゥドゥクの試し吹きをはじめた。スローテンポで何回かくりかえす。次にクラリネットに持ち替えて同じように試す。

集まりに遅れてきた人もあらたに着いて、改めて乾杯をしてから、孫に聞かせるようにゆったりしたテンポでドゥドゥクの演奏がはじまった。孫の目を覗くように見つめながら、ドゥドゥクの音色で孫を祝っているかのような調子だ。最初はきょとんとしていた孫も次第に笑みをもらすようになると、それに合わせるようにドゥドゥクの抑揚もいっそう大きくなる。

応援にきた合奏の相手、ファラード・エギヤザリャンさん（二十五歳）も、シェビーというアルメ

ニアの笛を吹いてくれたが、自由闊達に旋律を運んでいく腕前は生半可ではない。ドゥドゥクとシェビーの即興的なかけ合い合奏も楽しい。ドゥドゥクについて、私は以前から荘重な調べが印象的で、葬礼などでおもに奏される楽器だと思っていたが、こうした祝いの席でも自由に奏されるものなのだ。

ゲヴォルギャンさんの話では、ふつうドゥドゥクの演奏は三人でやる場合が多いという。二人はドローン（通奏低音）をやり、一人が旋律を吹くという。また、循環呼吸によるロングトーンという演奏技術も見せてくれた。しばし楽器演奏が続いてから、ゲヴォルギャンさんの歌がはじまった。

歌はとても心を打つものだった。最初の歌は、

人生のもっとも輝かしいときを無駄にしてはいけない
おまえの声はとても深い
どうか捜しものを与えたもう
さもなくばどこにあるかを教えたもう
深い谷間でわが子を探し続ける
わが子ジヴァンはとても勇敢で
家にじっとしていることができない
あの子は私のもとにやってくるとそばを通り過ぎて行った
通り過ぎて行くことはなにも恥ずかしいことではない

最後の歌は、

もう何年も経験を積み重ねてきた
毎年毎年歴史が刻まれ
私の顔のいたるところに悲しい物語がある
死んでしまえばだれもなにもできない
子どものころからずいぶん長い道のりを歩いてきた
学校のこと、恋人のこと
私の長い物語を話すのはよそう
どうか私の長い物語を思い出させないでくれ
さもないと頭がおかしくなりそうだ

この歌は絶品といえるものだった。決して美声ではないけれど、野太いしゃがれた声でうたいあげていく節まわし、こぶしは、練りあげられた技術だ。声をいっぱい張る高音も魅力があり、素朴で力に満ちた歌だ。これまでの人生にこめられたさまざまな感情を陰影豊かにうたいあげ、単なる人生賛歌ではない、暗い情熱がほとばしるような絶唱だった。私は二年前にスペイン、アンダルシア地方をバスで旅しながら、フラメンコを見て歩いたが、セビリアの店で聞いた初老の男の歌（カンテ）を思い出していた。

フラメンコの歌は、ジプシーがアンダルシア地方の土着の民謡に出会い、ジプシーの感性と融合して生まれたものであるから、ゲヴォルギャンさんの歌がフラメンコふうに聞こえたというわけではない。ただ彼の歌を聞いていると、原フラメンコともいうべき核に触れたような気がして、私のなかで、確実にジプシーの像が結ばれていくのだった。

さまざまなボーシャ像

ヨーロッパに居住するジプシー民族については、その出現の時期、苦難の歴史、現実に受けている受難・差別、その独自性に富んだ生活習慣・習俗などについて書かれた幾多の書物が出版されている。それらは言語学者、歴史学者、人類学者、民族学者などの研究者によって書かれたものが多く、読むだけでも膨大な労力を要する。しかも、それらの文献のほとんどがジプシー以外の人びとによって書かれたものである。なかには、偏見や無知や無理解による蔑視や誤解によるものも多かったし、同じテーマを扱ったもののなかでも、研究者により学説・見解にかなりの相違や幅があるものが多いのである。

冒頭にふれたように、日本列島にかつて存在していた大道芸・門付け芸などの漂泊芸能を採録することから芽生えた私の関心は、その後、漂泊・放浪・移動などの非定住と芸能との関係に移ってきた。こうした問題を考えていくと、どうしてもジプシー民族の芸能、その生活、歴史を無視して前に進むことはできないので、今後も各国に居住するジプシー民族の芸能と漂泊・移動の問題は注意を払いつづけたい。

さて、ジプシー民族の移動について、アルメニアが歴史上どのような位置を占めているかについて述べている研究書ははなはだ少ない。私が目にした情報・記述を以下整理してみたい。

前に記した三冊はボーシャについて若干でもふれたものだが、範囲を広げてアルメニアについてふれた書物を含めてもそれほど多くないのである。

言語学者であり、ジプシー研究者でもある英国人、ドナルド・ケンリック（Donald Kenrick）は『ジプシー（ロマ）事典』（「HISTORICAL DICTIONARY OF THE GYPSIES《ROMANIES》」）の「アルメニア」の項目で、

「アルメニア共和国のジプシーの人口は一万人と概算される。彼らはインドからヨーロッパへ移動する途中、カフカース地方および北東トルコを通過した際にアルメニア語を話す人びとと接触したのだ。そしてこのときかなりたくさんのアルメニアのことばがロマによって借用語となり使われた。ジプシーのなかにはそのままアルメニアやトルコに留まったものもあり、彼らはボーシャもしくはロム（Lom）として知られている。彼らはアルメニア系方言ロマヴレンを話す」（著者訳）

と述べている。これが全文である。また「序論」の「歴史」のなかで、

「ヨーロッパのジプシーたちの祖先は六世紀からインドを離れはじめた。あるものは自発的にペルシアの金持ちの宮廷に仕えるために残り、遅れて中東のアラブの王朝にも雇われた。そのほかのものは捕虜として連れてこられ、第三のグループは放浪民で戦さなどでインドに戻れず、西に移動した」

とある。これらの記述からは、私が会ったボーシャの人たちは、ヨーロッパに移動したジプシー民族のなかで、アルメニアに留まったジプシーであろうと想像される。

またフランスの言語学者ジュール・ブロックは、『ジプシー』でつぎのように論じている。

「前世紀（十九世紀）の終わりごろ、トランスコーカシア（ソ連南部、カフカース山脈の南、アルメニア、グルジア等）には、キリスト教徒と回教徒である、およそ六百名のジプシーが認められたし、また、もっと東方のエルゼルーム（トルコ北東部の都市）やトカト（アンカラの北東、トルコ中部の町）までも進出していた、いくつかの孤立したグループもあった。彼らはボーサ族あるいはポーサ族と呼ばれているが、自分たち自身ではロム族と呼んでいた。彼らの生活の様相や流儀は、彼らの祖先にたいして疑いをもたせない。その言語は、その文法がほとんど全面的にアルメニア語的であるから、おそらくアルメニア語の一方言であると考えられる。それに反して、語彙には、ほかのジプシーによってヨーロッパに持ちこまれたのと大部分同じ語である、インド起源の語がたくさんはいっている。ウェールズのジプシー語のなかにまで、ストーブ（bov）、一片（kotor）、皮膚（mort）、車を引く獣（grast）等のいくつかのアルメニア語が残っていることが分かっている。したがって、アルメニアのジプシーは、ヨーロッパに到達した大移住集団から別れた分枝であることは認められねばならない」

ボーサ族、ポーサ族とあるのは「ボーシャ」であるのは間違いあるまい。ここで思い出すのはアルメニアの研究者、ペトロシヤンさんが言っていたボーシャの語源についてである。彼はボーシャの語源はインド起源であり、プルシャ（北インド語で人という意味）がなまったものだという説を紹介してくれたが、このポーサが似ているのが気になる。

さらにエルズルムという地名も、実際に私が会ったボーシャの口から何回も出た地名である。ジュール・ブロックも言語学的見地からアルメニアのジプシー（ボーシャ）が、ジプシーのヨーロッパへの移動の際、なんらかの理由でアルメニアに留まったと考えている。

もうひとつボーシャについてふれた書は、英国のジプシー研究家、アンガス・フレーザーの『ジプシー』である。第二章「初期の移動」のなかでつぎのように述べている。

「フェン系ジプシー（筆者注＝ヨーロッパ系とアルメニア系のジプシー）がペルシアを去ったあと赴いたと考えられるアルメニアもまた、七世紀にはアラブの支配下に入ったが、ペルシア語と違ってアルメニア語にはアラビア語はあまり浸透しなかった。ジプシーのアルメニア逗留が短期間だったはずはない。ロマニ語のヨーロッパ諸方言には多数のアルメニア語からの借用語がある。（中略）アジアのベン方言（筆者注＝アジア系方言）には、アルメニア語やオセット語からの借用語はひとつもない。ボーシャと呼ばれるジプシー一族の方言（アルメニア系方言ロマヴレンの生き残り）にもそれはみあたらない。ボーシャは、数世紀後にアルメニアやトルコ、ペルシア、南カフカースを放浪していたことが知られている。ボーシャ（自分たちをロムと呼んだ）の話していたロマニ語は、十九世紀になってその研究がはじまったとき、すでに惨めな状態にあってすっかり崩れていた」

ここには、フェン系ジプシー語が、いつヨーロッパ系ロマニ語とアルメニア系ロマニ語へと分岐していったかという問題にからみながらボーシャにふれているので、理解がむずかしいが、ボーシャの存在それ自体は疑いがない。

さらにジプシーのアルメニアからの脱出については、つぎのように記している。

「アルメニアからの脱出がなぜ生じたかについては憶測するほかはないが、作用したであろう攪乱要因にはこと欠かない。ビザンツ帝国の進出は緩慢に進んだと考えられる。それは、最初のうち、ビザンツ帝国とアラブの長期にわたる抗争から生じた国土の荒廃によって促進された。アルメニアの大部分はビザンツ帝国の軍勢によって蹂躙され、結局は十一世紀はじめの二—三十年間に段階的に併合された。ビザンツ帝国による征服は長くは続かず、やがてセルジューク朝——中央アジアのトルコ人一族——の侵略を受ける。ついには、地中海沿岸のキリキアだけがアルメニア支配下に残された」十世紀末から多くのアルメニア人は故郷を捨て、北シリアや地中海沿岸のキリキアに移住した。キリキア・アルメニア王国（一〇八〇—一三七五）はシルクロード交易の門戸として栄えたが、苦難の歴史は絶えることはなかった。

「アルメニア・ウィーク」のボーシャの記事

アルメニアに来る前に、少ない情報に悩まされていたときに、市橋さんが教えてくれたインターネットの記事「アルメニア・ウィーク」は興味深いものだった。「くつろげる場所　ボーシャは彼らなりにアルメニア人になる」というタイトルで、ナーヤ・マルコシヤンというリポーターによる記事だった。

アルメニアに着いてから会った研究者のペトロシヤンさんは、この記事については、「類型的、ステレオタイプな記事です」と言い、明らかに不快な顔を見せた。彼の学者としての立場からは理解できたが、私にはこの記事にもボーシャの一面を伝えるものが含まれていると考えざるを得なかった。アルメニア内部からのボーシャ像としても、貴重な証言だと思われる。内容はニコゴシヤンという七十一歳のボーシャとされる人物などのインタビュー記事である。以下に要約する。

「私は七十一歳で十六回結婚をしてきた。最初の結婚は十五歳のときだった。息子は七回結婚しているが、そのくらいで十分だよ。あまり多く結婚するのはよくないことだ」

と、腰は曲がり、タバコのヤニでよごれた指のニコゴシヤン老人は語りはじめる。ニコゴシヤンはアルメニア人の名前をもっているが、実際はボーシャとして知られる民族の仲間である。

このグループの歴史についてはほとんど知られていないが、インド北西部に起源をもつと信じられている。彼らは自分たちをロム（lom）と自称しているが、このことばの意味は不明である。現在アルメニアに住んでいるボーシャの数は分からないが、十九世紀の露土戦争勃発で西アルメニア（今はトルコ東部）のエルズルムから移住してきた。一部はグルジア、カラバフ、ナヒチェヴァンにも居住している。

ボーシャは自分たちをアルメニア人と考えており、アルメニア語を流暢に話すが、ボーシャだけのときには自分たちのことばを話す。それはいくぶんアルメニア語やペルシア語に影響されている。教育には関心を示さない。十二歳までに、もっとも有益なスキルであると彼らが考える、数を数えることを覚えてから、学校をやめるのがふつうである。

「もし十歳のボーシャの子どもに、五百の十倍はいくつか尋ねても答えられないが、五百ドラムの紙幣が十枚あれば、なにを買えるかを聞けば、たちどころに正解をだすだろう」

と、ボーシャ集落のアルメニア人である隣人ゲガム・ザチキヤンは言う。

ボーシャは商売で生計を立てているが、不公正なやりかたで評判が悪い。たとえば、蜂蜜売りは砂糖からつくったものを純正の蜂蜜として宣伝することなどである。彼らは篩、ろうそく、籠などをつくり、それらを売って生計を立てている。行商は女たちがもっぱら担っている。ボーシャは目的を達するには、法律でさえもかいくぐる策略者としても有名である。

信仰はキリスト教で、アルメニア教会に通っているが、イスラム教徒などのように、いとこ同士などの近親結婚をするが、こうしたことはアルメニアのキリスト社会では禁じられている。ニコゴシャンの夫婦の歴史は典型的なものではないが、離婚とくりかえされる再婚はアルメニア人の社会よりはボーシャの社会ではよりふつうとみられているようだ。

アルメニアにおいては、十八歳が法律で許されている結婚年齢だが、ボーシャの少女は十二、三歳で結婚していく。当局はそうした伝統を見てみぬふりをしている。そして彼女たちはすぐに子どもを産むのである。十六歳で未婚の女はオールドミスとみなされる。そうした場合にはアルメニア人の男性との結婚が選ばれるが、その結婚のほとんどは破綻していくという。

ボーシャの家族は六～八人の子どもがいるが、ふつう、母親はシングルマザーとして登録して、国の特典を得やすくする。

エレヴァンでは、ボーシャはもっとも古くて、貧しい地区であるカナケル、サリタグ、コンドなどに住んでいるが、アルメニア全体にも分布している。アルメニア語の「bosh」の意味は、明るいとか明快ということだが、彼らの住居はもっとも荒れ果てたものとして周囲から際立っているのである。

彼らの家は小屋にたとえられ、窓はこわれ、電気や水の設備はない。カナケルのアルメニア人は、「いつも驚くのですが、ボーシャの子どもたちは冬の雪のなかでも裸足で飛び回っているのに、風邪もひかないことです。私たちは自分たちの子どもを大事にしていますが、ボーシャの子どもほど健康ではありません」

アルメニア人とボーシャは大きな困難を感じないで、隣接しながら住んでいるが、疑念が両者間に緊張を起こすこともある。十歳のボーシャの子どもは、

「アルメニア人のクラスメイトがいるけど、彼らの両親は僕の隣に座らないようにとか、友達にならないように友達に言っている」

アルメニア人は、ボーシャを礼儀知らずだと思っている傾向がある。アルメニア人は、目的なしに歩いたり、近所を訪ねておしゃべりしたりする人、そしてだらしない人のことをいうのに「ボーシャ」だとあだ名をつけていじめるのである。

しかしながら、一般的にはボーシャはアルメニアにおいては安全で着実な場所をみいだしたといえる。彼らは妨害されずに彼らのコミュニティーの伝統を保持していけるだろう。

「私はボーシャだが、パスポートの国籍欄にはアルメニア人と記載されている。ボーシャとアルメニア人との間ではなんらの争いもなかったし、今後も起こらないことを祈ります」

と、カナケル地区のボーシャ、ヴァデューヒ・ババヤンは言うのだった。

少し長めの要約になってしまったが、若干の偏見、誤解、無理解が含まれてはいても、ボーシャがアルメニアにおいてどのように見られているのか、どのような位置におかれているかを知るうえでは、なかなか示唆するものを含む記事である。

『立ったまま埋めてくれ』

イザベル・フォンセーカの『立ったまま埋めてくれ』（くぼたのぞみ訳　青土社）は、一九九一〜九五年にわたり、アルバニア、ブルガリア、旧チェコスロバキア、ドイツ、モルドゥヴァ、ポーランド、ルーマニア、旧ユーゴスラビアなど、東・中央ヨーロッパ各地にジプシーを訪ねたルポルタージュである。アルメニアのボーシャのことにはふれていないが、その内容の豊かさにおいて他の追従を許さない傑作であり、読み進むうちにぐいぐい引き込まれていく迫力がある。

学者ではなくフリーのライターとしての視線は柔軟で、暖かく、奥深くそして時に辛辣である。『立ったまま埋めてくれ』によって私たちは、はじめて血の通った真実のジプシー像を獲得できたといえる。

フォンセーカは「ヒンドゥーペン　ヒンドゥーであること」という章のなかで、アルメニアについてつぎのように記述している。

「ところがロマニ語はアルメニア語に出会ってピリッとした味がついた。（ドゥドゥム）はひょうたん、（ボヴ）はオーブン、（コヴェハニ）は魔女、（グラスト）は馬、ロマニ語で革を表すのはアルメニア語の（モルティ）だ。したがって、ジプシーがアルメニアを通ってヨーロッパへ行ったのはまちがいない。ところがアルメニア語がロマニ語に与えた大きな影響のうち、もっとも重要なものは音韻変化だった。（bh）、つまり帯気音（b）で発音される語が、（ph）に似た音に聞こえるのだ。したがって中東あるいは（アジア的な）ロマニ語では、姉妹を意味する語は（ヒンドゥー語同様）（ベーン

bhen）となるが、アルメニアやヨーロッパ諸国では（フェーン phen）と発音される。この音韻変化――実際にこの語の変化――に基づいて、イギリス人言語学者でジプシー学者のジョン・サンプソンは一九二〇年代に最初にロマニ語の方言を分類し、その結果、ロマの移動にはふたつの大きな集団があったと考えたのである。しかし、言語化石から判断すれば、十一世紀のセルジューク・トルコの侵略によって、アルメニア人が追い払われ、彼らと混じって暮らしていたジプシーも追い払われたことがわかる。彼らはビザンティン帝国が支配する西側領域、コンスタンティノープルやトラキアへと移動し、いまでもここには大勢のジプシーが住んでいる」

彼女もアルメニアという地点をジプシーの移動についてのある種のポイントと考えている。同じ章のなかで、

「私は地図に中央ヨーロッパの現在の国境を書き入れ、残りの部分とジプシーの移動ルートは遠い過去のものとして不定形な陸塊のまま残しておくことにした。ジプシーの移動はヨーロッパの地図上に広がる魚の骨になぞらえられてきた。もし一本がすべてのグループ、またはすべての想像上のグループを含み、そこからそれぞれ独自の道をたどったとしても、それはただそう見えただけではないのか。しかし、私はもっと筋道の通った考え方をしてみた。人びとがトレックした跡を二本に分けて考えてはどうかと思ったのだ。まずインドからペルシアを通ってアルメニアへ行き――そこから枝分かれして、シリアやその後イラクとなる土地へ向かう一本の道、さらにそれとは別にビザンティン時代のギリシア、つまりバルカン半島へ行き、そこから西ヨーロッパを経て新世界へ渡る道筋があったのではないか」

と言い、アルメニアから先のルートは、ふたつの移動ルートを想定している。

私は、これらのふたつのルートに加えて、黒海とカスピ海のあいだのカフカースをのぼり、黒海北部を経由してヨーロッパへ向かうルートも可能性は高いと思う。前にふれたように、アルメニアの故地のヴァン湖周辺は複数の通商路の交差点で、ひとつは中国からのシルクロードで、中央アジアをぬけカスピ海南方に至り、そこから黒海とカスピ海のあいだのカフカースを北上してヨーロッパへ入っていく交易ルートと、いまひとつはインド方面からカスピ海南方に入り、それからアナトリアをぬけて地中海へでていくルートがある。この両交易ルートの交差点がアルメニア高原であることを考えると、カフカース・ルートも重要な道筋であろう。

以上の研究者、ジャーナリストたちの論考に加えて、私がアルメニアに入ってから得たボーシャに関する文献情報としては、研究者ペトロシヤンさんが教えてくれたアルメニア語の百科事典の記述がある。

「アルメニア語を話すクリスチャンのジプシーはアルメニア語で、『ボーシャ』という。ボーシャの大半は西アルメニア地方（現トルコ領）に住み、また一部はスィノップやエヴドキアなどの小アジア地方に住んでいた。一七二〇年エレヴァンのコンド地区のボーシャがはじめて文献に登場する。彼らはエレヴァンの要塞警護の仕事についていた。一八二八～二九年の露土戦争の後、カラペット大司教に率いられてエルズルム渓谷を出発し、アカルカラク（グルジア）、アカルチェカ（グルジア）、アレキサンドラポル（現ギュムリ、アルメニア）、アクタラ（アルメニア）にたどりついた。そのうち一部がエレヴァンにやってきた。すべてのジプシー同様ボーシャたちの故地は北西インドだとする説がある。中肉、浅黒く、頭が丸く、長い顔、狭い額、黒い瞳、黒い髪といった特徴がみられる。言語はインド語派に属するが、アルメニア語と一部ペルシア語の影響がみられる。しかし、現在ではほとんど用いられていない。かつてボーシャは放浪の生活を送っており、男は手工業、農業また一部家畜の世話を行ない、女は物々交換や物売り、占いや物乞いを行なっていた。唯一の移動手段はロバであった。十九世紀末期、ボーシャは半定住となり、現在では定住生活を営んでいる」

おおかたは、ボーシャがインドから現在のトルコ東部を含むアルメニアに移動してきたこと、そしてアルメニアに留まるものや、さらに西へ向けて移動していった集団がいたことは共通の理解が存在するようだが、時期やルートについてはまだ解明されていないことが多い。しかし、ジプシーがバルカン半島に登場するのが十一世紀（後述）であることを考えると、それ以前にアルメニアからの移動は起こったと考えるのが常識的である。

籠づくりについて考える

遠くインドから移動してきたボーシャの人たちは、籠づくりで生活してきた。最近でこそ、時代の急激な変貌で跡継ぎがなく、伝統的な籠づくりが存続するか否かの瀬戸際だが、ボーシャと籠づくりは切っても切り離せない関係にあった。ボーシャの伝統的職業である籠づくりは、インドの遍歴・漂泊の民たちの伝統的な職業でもあった。ジュラベル村のところでインドのドム（dom）についてふれたが、そのなかの籠づくりについてもう少しふれてみたい。

ドムは、季節的職業や一時的な機会であるのを問わない、些細な取り引き、職人の仕事に従事している。それらは、ほうきやマットづくり、鳥撃ち、いかさま治療、耳垢掃除、路上歯科から、ガンジス川の火葬係、またサブグループのジャラードは死刑執行人、さらにバーンスポードゥ（Bansphod）という竹細工の職人、犬捕獲業、ひもつくり、ドーリという太鼓打ちやシンガー、ダンサー、皮・鉄・真鍮・錫の職人、ロバやぶたの飼育、金貸し、道化者、軽業師、蛇つかい、予言師等々じつに多彩な職種がふくまれる。

これらの多くの職業のなかで竹細工師（バーンスポードゥ）は、職業的なカーストで、以前は音楽師だという説もある。竹職人は、籠、団扇、鳥籠、ゆりかご、篩、マット、竹製椅子、小寝台などをつくる。

また、ツリ（Thuri）と呼ばれるグループも、籠と竹細工をつくった漂泊民だった。彼らはあらゆるタイプの籠をつくる。西インドのツリは太鼓打ちであり、ミュージシャンでもあった。そして伝統的に吟遊詩人の子孫でもあった。

インド全土に及ぶ民族学的な調査報告書シリーズのなかの、「インドの人びと――ラージャスターン」（SURVEY OF INDIA-PEOPLE OF RAJASTHAN）には、ラージャスターン州の約二百五十種類の職種が詳細に解説されている。そのなかで竹細工師（バーンスポードゥ）についての要旨は以下のようである。

バーンスポードゥという呼び名は、竹の籠仕事に由来する。Bansphodという語は竹（bans）を裂く（phodna）ということを意味している。彼らの祖先はラジプートにさかのぼる。はるか昔の口承伝説によると、ラジプートの支配者が人民のために大井戸をつくろうとし、ラジプートたちが雇われた。ラジプートとは八〜十二世紀末のラジプート時代を築き、北インド史に重要な役割を果たした王侯・部族の総称で、武力によって王族としての地位をヒンドゥー社会のなかに獲得したと考えられている。

そうしたラジプートたちが穴を掘りながら、井戸の傍らに泥を投げ下ろし続けると、そこから竹が成長しはじめた。報告を受けた王は竹からなにかをつくれないものかと尋ねた。周囲で働いていた者は、竹の伐採の権利を獲得して籠をつくりだしていった。でき上がった籠を見て、王は喜び、仕事を続けるよう望んだという。時が過ぎるとともに、彼らはバーンスポードゥとして知られるようになった。彼らはアウト・カースト（不可触民）であり、一九八一年の国勢調査では三千五百六十九人だった。アウト・カーストについては後述するが、インドのカーストの枠外に置かれる最下層身分で、穢れたものとみなされている。

彼らは土地を持たないコミュニティーで、籠づくりでどうやら生きている。竹籠づくりは彼らの伝統的職業であるが、ときには日雇いで稼ぐこともある。彼らは仲買人から竹を購入する。つくった籠は地方の市や村で売られる。それぞれの竹細工師（バーンスポードゥ）は、いつも籠を供給する特定の村をもっている。彼らはカースト会議でものごとを決める。その機能は不義密通や口論、結婚解消などさまざまな争いごとを調停することである。罰は破門もしくは罰金である。

また、竹細工師は共同体のなかに、ボーパ（bhopa）という聖職者を抱えている。彼らは祈祷者であり、薬屋であり、奇術師であった。また、彼らは口承の民謡と民話を豊富にもっている。

以上が要旨であるが、まず井戸掘りと竹との関係が興味深い。そしてバーンスポードゥ、ツリのいずれも竹籠、竹細工に携わりながら、音楽師、太鼓打ちなどの芸能に関係があることはなにを意味しているのだろうか。

さらになぜ、竹籠づくりがカーストに入らないアウト・カーストとして賤視されるのか。

竹と霊力

竹はイネ科タケ亜科に属し、東南アジアを中心に四十属六百種、日本でも十二属百五十種を数える植物である。日本では古くから「筮竹《ぜいちく》」による占いや、神の憑依する「依代《よりしろ》」など、霊力を秘めた呪具として使われる一方、生活の用具として優れた実用性をもっている。その特性は強度、軽さ、まっすぐさ、弾性、割裂しやすさ、入手しやすさなど多い。生活用具としては籠、箕、笊、箒など、装身具としての竹櫛、竹玉などはアニミズムとの関わりを想起させる。楽器としては笛、笙、簓《ささら》、簫《しょう》など。建築資材としてはおもに東南アジアで屋根、床など、茶や花道の茶杓、茶筅、花器などじつに多様性に富んだ用途で人間生活に溶け込んでいる。

竹は異常なほどの生長力を示し、古来、その驚異的なエネルギーを神による霊力と考えられてきた。また草でもなければ木でもないマージナルな特性をもつ植物とみられ、呪物として用いられてきた。竹で囲まれた空間は、ある意味を発生する場とされ、こうした「結界」の思想は、「聖」と「俗」、「浄」と「不浄」、「清め」と「穢れ」を区分するだけではなく「穢れ」を忌避する性質ももつとされてきた。竹の、はっきりした境界をもたないマージナルな特性は浄と穢を同時にあらわす両義性をもち、正と負の両方にまたがることのできる、霊的な力を生みだすとされてきた。

日本列島では治水などのため竹林が造成される一方、川筋や川原に住んでいた人びとが、治水工事などの使役を通じて竹やぶとの結びつきが深まっていったと思われる。竹は他の木材よりもはるかに入手しやすく、細工にも資本がいらない。道具さえあれば技術的に高度のものもつくれた。住む場を制限され、職業も制限され、川筋や山の斜面に追いやられた人たちにとって、竹細工の仕事は欠かすべからざる生業となったが、賤視される環境のなかにおかれたのである。

竹籠づくりはなぜ賤視されるのか

アルメニアでボーシャの人びとに会うために、カナケル地区やサリタグ地区、ギュムリの郊外、ジュラベル村などを訪れたが、その際、私はいつもこれらの地域から共通する雰囲気みたいなものを感じていた。この感じは既視感を伴ったもので、三十年前に日本列島で感じたもの、見たものの記憶を呼び起こすものだった。

かつて日本列島を闊歩してきた遍歴・漂泊の民がたずさわり、彼らのさまざまな思いとともに伝えられてきた大道芸・門付け芸を収録するために、小沢昭一氏とともに列島各地を巡りはじめたのは一九七〇年からだった。

万歳・人形つかい・猿回し・ごぜ・見せ物小屋・浪花節の源流・節談説教・絵解きなどの諸芸能を求めて、各地の街や村を訪ね歩いたが、目ざした放浪芸人に会えた場合もあり、すでに芸が絶滅していたり、会えても「寝た子を起こすようなことはしないでくれ」という拒絶が待っていたりした。この時代のことは『回想　日本の放浪芸　小沢昭一さんと探索した日々』（平凡社新書）に記したが、訪れた街や村のなかで、彼ら大道芸・門付け芸の諸芸人が住む地域には共通した空気が漂っていた。それはひっそりとした気配であり、目立たないでそっと生きている感じであり、世の中の賎視に耐えている土地の空気だった。

そうした土地・地域に近づいていくときに、風景が劇的に変貌していく場合も多かった。道路は舗装道路から砂利道に変わり、家並みはバラックふうで荒れたものになっていった。あからさまに変化しない場合でも、その一画はすぐに分かった。空き地が多く、家が点在している場合も多かった。さらに川筋沿いにそうした集落は多く存在していた。

ボーシャの住む地区を歩きながら私は、三十年前、日本の列島各地で抱いた戸惑い、疑問、発見、感動を思い出していたのだった。ボーシャの人たちが住む一画は外見的には特徴があるわけではないが、ひっそりした、目立たない雰囲気にはそのときと共通するものがあった。なにをするでもない若者がたたずんでいる。家並みを通じる道路から一歩家に入ると、思いがけないほど多数の家族が生活している。大声などはあまり聞こえないで、大家族が住む家がつらなる一画にしては静寂さがあたりを包む。そのなかで、籠づくりが行なわれている。

竹、笹、篠などを素材にして籠、篩、ざるなどの竹製品、笹製品、篠製品（以下総称して竹製品、竹細工とする）をつくる人びとが賎視の対象であったことは、日本では中世から認められている。私が日本列島を巡ったときも、目ざす人びとが竹細工に関係する集落に存在した場合があった。沖浦和光氏の『竹の民俗誌——日本文化の深層を探る』（岩波新書）には、

「ところで、中世の中ごろから、京都極楽院空也堂の門徒で念仏を唱えて歩く僧形のものがいた。鉢や瓢箪を叩いて回ったので『鉢叩き』と呼ばれたが、関東では『鉦叩き』と呼ばれた。正月が近くなると念仏を唱えながら藁を束ねた苞《ほう》を肩にかつぎ、それに茶筅を差して売り歩いた。茶筅は、抹茶を立てる際にかきまわして泡立てる小さな茶器である。（中略）ところで彼ら『鉢叩き』は、近畿・中国両地方を中心に、四国・九州や関東地方にも散在していた。いずれも小集落を形成していたが、やはり自分たちの耕地はほとんどなかったので、いろんな雑業に従事していた。中国地方の山陽道では、竹細工に従事する者が多かったので『茶筅』と呼ばれた。この場合の茶筅は竹細工職人の代名詞である。山陰地方では、『鉢屋』と呼ばれたが（中略）彼らは念仏踊りに源流をもつ雑芸能を行ったが、万歳などの芸能にすぐれ、山陰では元禄期に歌舞伎をやっている史料が残されている。埋葬、墓守り、医療などもやっていた」

とあり、竹細工職人のなかにさまざまな系譜が存在したことを示している。

井戸掘りと竹

また横井清氏の『的と胞衣（えな）――中世人の生と死』（平凡社）には興味深い記述がある。「歴史のなかの『あそび』」の項で、生活文化史のなかで竹の担ってきた役割について、既往の諸研究に学びなおさねばならないとして、技術と呪術にふれ、三浦圭一氏の中世遺跡の埋井戸にかんする論考を紹介している。

「『この埋井戸に結びついた呪術は、その背景に井戸・湧水にたいする素朴な信仰があることはいうまでもないことであって、井戸を掘り、池を開くときにも、そこで呪法秘儀が実施された』ものと推察しているのです。当時、井戸掘り、池開き、池ざらえなどに賤民が従事するのは通例でした。さらには先の勝俣氏（著者注＝勝俣鎮夫氏）の説にあった笹（篠）のこともあわせ考えて『埋井戸のときに青竹を節を抜いて使用すること、左義長のときに竹を使用し、地鎮祭のときに敷地の四角に竹を建て注連縄を張ること、竹が便利だから使用されたということでは片づけられないように思える』とし、中世後期の賤民と、竹ぼうきをも含む竹細工、ならびに『竹製の道具を使用した職業』（清掃など）との所縁の深さにも言及して、そのことで彼らが『呪術性をもった職業人とみなされ、疎外された集団と扱われた』ともみられると言及しています」

ここで言及されている井戸掘りと竹との関係については、先にふれたインド・ラージャスターン州の竹細工師（バーンスポードゥ）の口承伝承との類似性が興味深い。大井戸を掘り、その脇から竹が生えてきたという伝承からは、竹のもつ不思議な力＝呪術性を読み取れるのではないか。

穢れの観念

竹細工の職業は、ともに日本中世以来の賤民とインドの不可触民の伝統的職種のひとつだったという共通性は、なにをものがたるのだろうか。

竹のもつ呪性、呪力とは、穢れ・ケガレを祓い清める力である。竹や笹などの自然物には神霊が宿ると考えられており、それになんらかの大きな変更を加える場合には、呪術的な作業がついてまわらなければならないとされたのだろうか。

こうした穢れ・ケガレの観念は、もともとはインドにカースト制を確立したヒンドゥー教の教義体系が源流だと思われる。ヒンドゥー教は「浄・穢」の観念を中心にして、すべての秩序を規定している。とくに穢れに関する規定は詳細である。紀元前後にはヒンドゥー教のもっとも有名な『マヌ法典』が生まれ、すでにカースト制度の根幹は完成していた。ただしアウト・カースト（不可触民）の規定はまだない。

インドの社会で明白に穢れと結び付けられるものは、「血」と「死」にまつわるものであり、日本でも死穢・産穢・血穢という「三不浄」の思想は、平安時代から朝廷貴族を中心に広がっていった。日本列島のケガレの観念は、列島独自に発したものではなく、インドから中国に入った密教を、空海・最澄などが導入したのが契機だったという説もある。とくに真言密教が大きな影響力をもつとされている。司馬遼太郎の『空海の風景』などを読んでも、八世紀の後半から九世紀にかけて、中国の長安は国際的な大都市で、インドの高僧などがそうとういたようだ。これらのケガレの観念がどのように発生してきたのか、そして日本とインドとのケガレの相関関係はあるのかは今後の研究に待つしかない。

インドを出立していった原ジプシーの民も、カースト制の呪縛に縛られていたはずであり、下位のカーストかアウト・カースト（不可触民）だったことはほぼ間違いない。アルメニアにたどりついたジプシーのうち、なんらかの理由で留まった籠づくりを伝統とする人びとは、ボーシャと呼ばれるようになった。籠づくりは、遍歴する人びとにとって、どこでも手に入り、少ない資本ではじめられ、道具類も小刀一丁で済み、完成した商品が軽く、持ち運びが楽だという職業上の利点が多かった。

千年ないしそれ以上前に、インドから移動を開始したのが、一体どのようなカーストや職業、どのような民族的起源の人びとだったのか、また彼らはひとつの集団としてまとまってインドを出たのか、何度もくりかえし移動がなされたのかの議論はこれからも続くであろう。

だが、彼らが何世紀にもわたって明確なアイデンティティを強固に保持し、移動する先々で優れた適応力と生存能力を見せつけてきたことは疑う余地のない歴史的事実である。さらに彼らの社会的存在にはインド社会のモデルが濃厚に反映され、多くの遍歴・漂泊集団に固有の特徴が見られるはずである。

その特徴の最たるものは、歴史的にもそして現在でも、カースト制に伴う細分化された職種が伝統的に継承されることであり、それは生まれ（ジャーティ）が決定的に関与する。ジャーティごとに職業が決まっていることは、ジャーティ間の経済的相互依存関係が生じ、それぞれの職業が十分な需要を得るためには、常に移動を続けて需要を掘り起こしていかなければならない。さらに彼らは同族内部での結婚を習慣とし、ほかの社会集団とは境界線を設ける。

籠づくりという伝統的な職種をもった集団が、インドを出てアルメニアに到達するまで、唯一のアイデンティティたる籠づくりを捨て去ることはあり得ないことだった。

五　アルメニア以後のジプシーの拡散

寒かったモスクワ

晩夏とはいえ、まだまだ夏の余韻に満ちていたアルメニアを離れて到着したモスクワは、すでに初秋の様相を呈していた。油っぽい街の匂いと涼しい空気から、モスクワがエレヴァンから二千キロ北にあるのだという距離感を体で実感する。

夕刻七時ごろに、ソビエツカヤ・ホテルという古いホテルに入った。このホテルはソ連時代には、外国や各共和国の要人などが利用した格式を誇るらしいが、さすが天井の高さや廊下の広さは異常なほどで、気分的には落ち着く雰囲気をそなえている。

私たちがこのホテルを予約したのは、そうした気分を味わいたいためではなく、ここに付属しているロメン劇場（Teatr Romen）を見たいと思ったからであった。しかしながら残念なことに八月中はこの劇団は休暇中であった。

ロメン劇場は一九三一年に創立され、ジプシーの文化を保持し、放浪者たちの同化、定住化、教育などを目的とされた。とくに一九四一年からの独ソ戦中は兵士の慰問公演などに貢献し、三十か月にわたってシベリア全域と極東ロシアを巡回している。以来、ロシアにおけるジプシーの文化の中心として活動を続けている劇場である。レパートリーはプーシキンの「ジプシー」、メリメの「カルメン」、ガルシア・ロルカの「血の婚礼」など、ジプシーを素材にした作品を脚色して上演してきた。

予定が若干狂ったが、よくあることと思いなおし、翌日モスクワの市内を歩いた。ほぼ十年ぶりに見たクレムリン宮殿付近や目抜き通りは様変わりしていた。赤の広場に面しているグム百貨店はきれいに改装され、ブランド商品の店舗で占められていた。街中のレストランも豊富で、アメリカ系のファーストフードの店も乱立している。みやげ物店が集中したアルバート通りをぶらぶらしているうちに急に風が強くなり、気温も下がりだしてきた。市橋さんはあわてて洋装店に入り、セーターを購入したほどだった。

その後、今は亡き歌手ウラジーミル・ヴィソツキーの墓に行くことにした。ヴィソツキーは一九八〇年に四十二歳で死んだ不世出の詩人、歌手、俳優であり、いまだにロシア人の心に生きている存在である。私と市橋さんが編集に携わった民族音楽のビデオ・アンソロジーのなかに、ヴィソツキーの貴重なビデオを入れることができたのも、一九九一年モスクワのテレビ局で偶然、彼の出演したビデオを見たからであった。

彼の反体制的で無頼派的な表現は痛烈で、アイロニーに満ちており、その破壊力のためか時の権力から疎まれ、圧迫され続け、生前は一冊の詩集の刊行もままならなかったが、彼の歌はカセットテープで人から人へ伝えられて、いつしかカリスマ的人気を得るまでになった。彼が若くして凄惨な死を遂げたとき、二十万人を超える市民が集まって嘆き悲しんだという。私も当時、その光景を短く伝える新聞紙上の海外ニュースを読んだ記憶があるが、彼の詩や歌もまだ知らないときだった。

そのヴィソツキーの墓は一九九一年にも訪れたのだが、そのときは人に案内されてきたので、場所や交通手段をはっきり覚えていなかった。アルバート通りから墓までどうしていくのか分からないので、道行く人に尋ねることにした。

地下道の出口からでてきた男の人に聞くと、ヴィソツキーの墓なら知っているという。そして「ちょうど私も時間をどうしてつぶそうかと思っていたので、案内しましょう」と思わぬ返事だった。

この旅は、いろいろ偶然の出会いが起こる。彼、イーゴル・ラゼンコフさんは物理学者だった。頭は昔ふうに短く刈り上げ、サンダルを履き、カバンをたすきがけにした格好はなんとも気軽な風体で、とても物理学者にはみえない。

案内された墓は大きな墓地で、ロシアの有名な文化人なども多数埋葬されている。ヴィソツキーの半身を刻んで模してある墓石の周囲は色とりどりの花束であふれており、墓の前に佇む人びとは途切れることがない。彼の死から二十年以上がたつというのに、こうした光景が日常的に続いているということは、ヴィソツキーがいかにロシアの人びとの心を深く捉えていたかの証明だろう。つくづく、もし芸術家の栄光というものがあるのであれば、こういうことを指すのではないかと感慨を深めた。

そこへ墓の裏から一人の男が現れ、なにやら講釈をはじめた。明らかに酔いが回った様子であったが、

「ヴィソツキーの妻のマリナ・ブラディーは、ふつうの墓をつくりたかったが、ヴィソツキーの母親がモニュメントふうのものを望んだのでこうなったんだ」

と訳知り顔で言う。マリナ・ブラディーはフランスの女優で日本でも人気があったが、ヴィソツキー

と出会ってからは引退同様だった。

ラゼンコフさんの説明では彼は墓守で、墓に参るさまざまな人びと相手に墓の講釈をして、ビール代をせびる癖があるとのことだった。

偶然会ったラゼンコフさんの話も興味深いものだった。彼は一九五七年に極東のカムチャッカ半島に生まれた。現在はシベリアのトムスクに住んでおり、雲を観察するレーダーの開発研究をしている。目下、アメリカのウィスコンシン大学と共同で北極圏の大気の研究もしており、今モスクワにいるのは九月からアメリカへ行くための、ビザ申請の面接にきているのだ。

「四時間もかけて、トムスクからモスクワまで飛行機で飛んできて、面接はたったの三分ですよ」とおどけてみせた。帰りの飛行機の出発時間まで、空いた時間をどうして埋めようかと思っているところに、私たちが話しかけたというわけであった。

ロシアも、ソ連邦が解体したといっても、まだ広大なシベリア極東地域をかかえている。モスクワ市内でも、シベリアの少数民族と思われるモンゴロイド系のロシア人をけっこう見かけるが、カムチャッカ出身の物理学者との楽しい出会いも、ロシアの地形の広大さと奥深さを感じさせるものだった。

ロシアのジプシー

ヨーロッパ各国において、それぞれのジプシー研究書が出版されているが、その内容はどうしても自国を中心にしたジプシー研究に偏りがちであり、ヨーロッパ全体を視野に入れたものは少ない。以下はおもに『ジプシー（ロマ）事典』と『世界民族問題事典』（平凡社）を参考に、アルメニア以後のジプシーの拡散について、ロシア・ヨーロッパを中心に概観してみよう。

さてロシアには、ジプシーが二十三万人ほど存在するとみられている。ロシアにおいてジプシーに関する最初の記録は一五〇〇年ごろにはじまるが、出現はヨーロッパ諸国にくらべると遅れて十八世紀以降にワラキアから移動してきたとされている。ワラキアは現在ルーマニアの南部に位置し、十四世紀にハンガリー王国から自立するかたちで独立したが、十五世紀からはオスマン軍の侵略を受け、やがて十九世紀までその属国となった。その後モルドヴァと合同し、一八八一年にはルーマニア王国として独立した。

ロシアのジプシーは、西ヨーロッパのジプシーに比較すれば、専制君主のもとでも迫害が少なかったといわれている。

首都サンクトペテルブルグでジプシーの増大に住民の苦情が高まると、一七五九年にエリザベータ女帝（在位一七四一―六二）が布告を発し、入国を禁止し、この布告は一九一七年の革命まで廃止されなかった。しかしながらジプシーの音楽家たちは免除され、カフェーやレストランで営業活動をしていた。一七七五年には、放浪生活を中止させるための移動許可証が課せられた。一七八三年には定住化政策が強化され、一八〇〇年代になるとニコラス一世は、定住を選んだジプシーの農夫から軍務を免除する家父長的な温情主義の布告を発したが、一八五六年には廃止されている。

一方、多くの音楽家たちは貴族に雇われ、ジプシー音楽と歌は高い評価を受けた。アレクセイ・オルロフ伯爵は十九世紀初頭に、ジプシー合唱団と優秀なオーケストラを組織したが、その音楽的才能の豊かさにロシア人たちは魅了されてしまった。トルストイ一族は彼らを後援し、あのレフ・トルストイの兄弟や息子はジプシーと結婚したほどだった。文学者のプーシキンは代表作の叙事詩「ジプシー」を書き、ツルゲーネフ、ドストエフスキーたちの関心も呼んでいる。作曲家セルゲイ・ラフマニノフは、プーシキンの「ジプシー」をもとにしたオペラ「アレコ」を作曲している。

一九一九年にロシアの専制君主体制が崩壊すると、ジプシーのなかにはパトロンたちに同伴して西側に行ったものも多かった。ソ連のジプシーは、一九九一年までは、レーニン政権の実現をロシアにおけるジプシーの市民権のはじまりとするのがふつうだった。

支配者のボリシェヴィキの理想にたいする忠誠と引き換えに、文化と教育と言語の面で広範な自由が認められた。ジプシーの経済的困難の解決を目ざして、問題の根源を彼らの放浪生活にあるとして、一九二六年共産党は「放浪ジプシーの勤労および定住生活への移行を助けるための措置について」を布告し、ジプシーの定住生活を促した。この試みはすべてのジプシーに放浪生活を放棄させることはできなかったが、文化的、教育的には一定の前進がみられた。

その後は前に触れたロメン劇場が一九三一年に創立され、一九四一年からの独ソ戦争ではソ連軍に加わったジプシーが勲章をもらったりしている。しかし一九三〇年代半ばまでに、ソ連の少数民族政策は転換を遂げようとしていた。スターリン支配が強化され、粛清が拡大していった。さらにナチズムの時代にユダヤ人とともにジプシーの人びとも迫害、粛清され、ソ連のジプシーも数万人が虐殺された。

一九五六年の最高ソビエト幹部会布告「放浪ジプシーの労働への適応について」は、放浪の生活様式を非合法化する布告だったが、厳格には布告されず、多くのジプシーが放浪の生活様式を続けた。結局、ソ連体制はジプシーが伝統的職業を維持してきたことを評価して、彼らを賃金労働者としてプロレタリア勢力へ転換させようとしたが失敗したのである。

移動は広範囲に及び、カザフ、ウズベク、トルクメン、グルジアそしてアルメニアなどまで伝統的な手工業や音楽の演奏で回っている。さらに家畜商人、牛追い、農業労働者、行商人などとして移動している。

一九九一年のソ連邦崩壊という政治的激変のあとは、ジプシーの立場は少しずつ悪くなっているとジプシーは考えている。ゴルバチョフ時代は右翼やナショナリストのグループはまだ抑制のきいた統制のもとにあったが、エリツィン登場後は少数民族にたいする憎悪があからさまに示されるようになり、ジリノフスキーは、公然と反ジプシーを唱えるようになっている。

東欧のジプシー

ジプシーがアルメニアからヨーロッパに現れた時期については、十一世紀のビザンツの修道院で編纂されたグルジア語の物語『アトス山の聖ゲオルギウスの生涯』によれば、当時すでにジプシーがバルカン半島に達していたことがわかる。彼らはここから中部ヨーロッパ、さらには西ヨーロッパへと移動していくのであるが、現在までヨーロッパ大陸でいちばん人口が多いのはバルカン半島である。バルカン半島は、旧ユーゴスラビアのクロアチア、ボスニア・ヘルツェゴヴィナ、セルビア、モンテネグロ、マケドニア、ルーマニア、ブルガリア、アルバニア、ギリシア、トルコなどを含む地域である。

その後中部ヨーロッパのハンガリーに出現するのは十五世紀の前半ではないかとみられている。そのころ、ジギスモント王の安全通行証を携えたジプシーの集団がハンガリーにやってきた。また現在二百万人を超えるジプシーが存在するルーマニアにおいて、具体的な記録が出現するのは十四世紀後半で、奴隷としてのジプシーが記録されている。

二十世紀半ばまでは、放浪するジプシーが多く見かけられたが、定住化政策以前から定住するジプシーが多いのが東欧のジプシー社会の特徴とされている。それは彼らの技術や労働力が必要とされたことや、彼らからの徴税が重視されたからと思われる。彼らは鉄工、蹄鉄工、篩づくり、籠づくりなどのコミュニティーを形成していた。

一八五六年まで四百年以上も、封建公国ワラキアやモルドヴァでは、彼らは貴族や修道院の奴隷となり、砂金採り、石工、鍛冶工、木工細工師、熊つかい、楽士などとして生計を立てていた。この二国にトランシルヴァニアを加えたものが、現在のルーマニアである。バルカン半島がオスマン・トルコによって陥落したあとまで、ワラキアとモルドヴァは繁栄を誇っていたが、貴族たちは常に熊や猿を飼いながら旅をするジプシー家族を多数奴隷としてストックしていたという。国王に差し出すために集めていたのである。こうしてジプシーの奴隷としての価値が上がるにつれて、強制労働などにつかうためドナウ河の南から大量に連行されてきた。なぜルーマニアに二百万人を超えるジプシーが住んでいるかを説明する根拠になる史実である。

十九世紀半ば以後は、農奴解放と産業革命の到来によって、ジプシーにも大きな変化が起こった。

農奴解放によって大量のジプシーが都市に流入し、産業革命によってジプシー固有の手工業の熟練が必要とされなくなった。生活の基盤を失った彼らは、下層社会を形成していくしかなかった。

ファシズムの台頭は、ジプシーの受難をいっそう過酷なものにしていった。ナチズムに影響された民族浄化政策はユダヤ人のみでなくジプシーにも向けられた。なかでもルーマニアのI・アントネスク政権はジプシー排斥を計画し、一九四二年秋から四四年夏までドニエストル川の対岸に二万人以上を強制移住させ、その他の収容所でもチフスで倒れたものが多かった。第二次世界大戦中に虐殺されたジプシーの数が三万人を超えたのは、ルーマニア、ポーランド、ソ連などであった。

ソ連による東欧の「解放」と社会主義化は、一般にジプシーには歓迎された。ハンガリーやチェコスロヴァキアなどでは、少数民族としてジプシーの言語・文化を保護する政策がとられたが、六〇年代以降こうした試みは失敗した。また住居を与えて定住化を強制する政策も、ほとんど失敗に帰した。

一九八九年の東欧社会主義の崩壊は、ジプシーにも多大な影響を与えた。それまで政治的自由が認められていなかったルーマニアでも権利が認められ、東欧各国においてはジプシーの政党や政治団体が設立されていった。ハンガリーではヨーロッパ初の試みとして九〇年にジプシーの議会が創設された。しかし大勢としてはまだジプシーの政治的、経済的立場は弱体であり、他方、民族主義の台頭によって攻撃にさらされる状況は続いている。

九〇年代に導入された市場主義経済は、ジプシーをますます困難な立場に追いやり、失業率は六〇~八〇パーセントを示すようになってきている。こうした経済的苦境から脱出するため、多くのジプシーが西欧への移住を希望したが、なかでも顕著だったのは、九一年から翌年にかけて、ドイツに流入した六万人とも推定されるジプシーたちだった。ドイツ政府は九二年十一月、ルーマニア政府と彼らの本国送還の協定を結んで送還を開始し、さらに社会復帰資金として三千万マルクを支払った。こうしたジプシーの亡命者にたいする反発は強く、ドイツではドイツ定住のジプシー（シンティ）でさえも受け入れに反対した。同じような構図はチェコの場合にも見受けられ、スロヴァキアの独立によるジプシーの移住が、チェコ在来のジプシーとの間で摩擦を起こしている。

ドイツのジプシー

東欧からドイツへジプシーが到着するのは、十五世紀初頭とされている。ドイツでは少数民族集団をシンティとロマに大別しており、シンティは古い時代に移住してきた集団であり、ロマは十九世紀になって移ってきた集団の人びとをいう。人口は十二万人。ドイツのツィゴイナー（ドイツ語のジプシーの他称）の多くはシンティであり、職業的分布は商人、音楽家、ヴァイオリン製作、人形劇興行者、手工業者、映画興行者などである。

一方のロマは行商が多く、工場や農場でも働く。ナチズムの時代にはユダヤ人と同様にシンティもロマも迫害され、大量に強制収容所に移送された。ドイツとオーストリアに住んでいた三万六千人あまりのうち、三分の二が収容所で虐殺されただけでなく、ナチ支配下のヨーロッパ各地でのジプシー虐殺は五十万人を下らないと推定されているのである。

第二次大戦後、市民権復権の運動からジプシーの活動ははじまり、後述する第三回ロマニ会議以後、解放運動のためシンティとロマは合一し、大戦中の迫害にたいする補償要求や人権確立の運動を展開している。

南欧のジプシー

フランスのジプシーの人口は三十万とされている。ジプシーの出現に関する記録は十五世紀にはじまる。マヌーシュと呼ばれる集団はパリとその周辺、北部、東部の工業地帯に定住・半定住しており、ジタンと呼ばれる集団は南フランスで移動生活をしている。移動生活者の職業は巡回訪問販売、縁日での行商販売、サーカス、楽士などで、定住者の職業は屑鉄業や工場労働であるが、定職をもつ者の比率はきわめて低い。彼らは賃金労働体制になじまずに、隙間的な商品、労働、サービスを提供することで生計をたてている。

移動生活者が多いため、一九一二年の法律で移動は厳しく監視されたが、六九年の法律で許可制に移行し、八四年以降改定された。その結果、

①定まった住所をもち、かつ移動しながら仕事をするものには特別巡回許可書

②職業活動は行なわずにキャラバン生活をするものには巡回許可書

③定まった住所をもたずに移動するものには巡回ビザ

の三種類の許可制になった。また人口五千人以上の市町村には、彼らの移動生活を保障する場所・設備の確保が義務づけられた。

南フランスのサント・マリー・ド・ラ・メールでは、毎年五月にジプシーの守護神サラを祀る祭典が開かれ、数万のジプシーが集まってくる。

スペインではジプシーはヒタノと通称され、人口は七十万余とされている。半数はアンダルシア、その他はカタルーニャ、バスクなどに居住しており、マドリッド付近にも仕事を求めて集まっている。ジプシーに関する最初の記録が現れるのは十五世紀になってからで、フランスから移動してくる集団に言及しているものである。

学者のなかには南のルートを主張する説もある。長い内戦を経て、カスティーリャとアラゴンの王朝が統一されると、一貫した定住生活が強制されてきたが、とくに一九五〇年代の法制で定住化が促進され、現在九五パーセント以上が定住し、大部分がスペイン国籍を取得している。一部は芸術家、公務員などになり、社会的地位を得るものもいるが、大多数は貧困で、大家族で大都市周辺の劣悪な環境のもとに生活している。

ジプシーよ、起て！　世界ロマニ会議

ジプシーの社会的な境遇の改善をめざした運動は、さまざまな試行錯誤をへて、一九七一年にロンドンで第一回世界ロマニ会議が十四か国の代表を集めて開催された。この会議では、民族の自称をロム（Rom）と定め、民族の旗とスローガン「オプレ・ロマ！」（ジプシーよ、起て！）を採択した。第二回は一九七八年にインドを含む二十六か国が参加、国際ロマニ連盟を設置した。第三回は一九八一年に、ナチスによる迫害と補償が討議され、第四回は一九九〇年に旧社会主義国が多数参加して補償問題、教育、文化、言語、そしてジプシー百科事典など広範な方針を採択した。

第五回ロマニ会議は二〇〇〇年にプラハで開催された。この会議では会議の進行がロマニ語で行な

われたことが注目される。またコソボのジプシーのその後などが討議されている。

II　原ジプシーをインドに探る

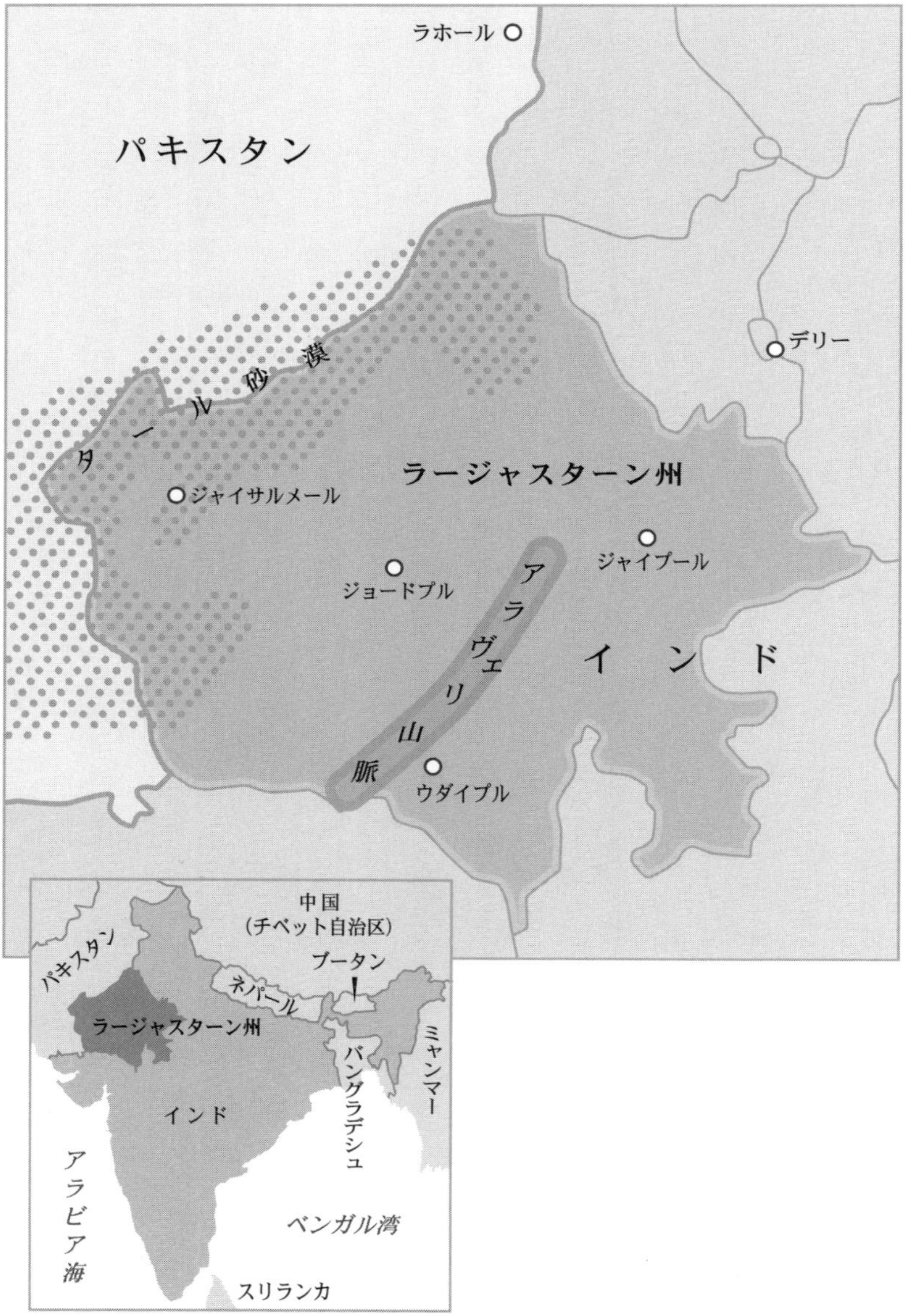

ラホール
パキスタン
ター ル砂漠
デリー
ラージャスターン州
ジャイサルメール
ジャイプール
ジョードプル
アラヴェリ山脈
インド
ウダイプル
中国
（チベット自治区）
パキスタン
ブータン
ネパール
ラージャスターン州
ミャンマー
バングラデシュ
インド
アラビア海
ベンガル湾
スリランカ

一　ジプシーの故郷　ラージャスターン州

インドへ

二〇〇一年八月、成田空港を発った飛行機は四時間遅れていた。空港のコンピューター・システムが故障して、搭乗業務が数時間ストップしたのだった。このことは、これからインドに向かう私にはなにかを暗示しているように思える出来事だった。コンピューターがシステムとして機能しなければ、列島全体がマヒしてしまうほど、コンピューター・ネットワークに組み込まれている日本と、今でも古代と近代が並存するインドとは国のあり方が、そうとう違っているようにみえる。

歴史的には日本もそれなりに古い文化をもつが、インドは優に倍に及ぶ五千年の歴史を有する、インダス文明の本家である。地球上、まれにみる均質な社会を実現したといわれる日本と、カースト制が厳然と存在し、今でも機能している社会のインドとを比べると、その国のあり方に明白な差異が認められるが、その差異をどのように考えるかは、その人の思考の質や深さ、そして幅を試されるようなものだ。

成田空港のトラブルは私に、自然に身についている日本社会の垢を取り去って、頭の働きなどもすべてニュートラルな状態にしてインドに向かうよう戒めてくれているのだと思わせた。

インドへは一九八四年以来、十七年ぶり二回目の旅である。このときの目的は、「日本の放浪芸」というドキュメント・ビデオを制作するため、日本列島の大道芸・門付け芸を中心にしながらも視野を海外にも向けて、韓国とともにインドにもロケをするためだった。私にとっては見るもの、聞くものすべてが新鮮で、驚きと感動の連続であり、そのとき得たもの、感じたことはその後の私の方向を決めたほどだった。

国境の概念を超える

その後も私には、地球上のさまざまな民族の歌や踊り、さらに祭りや結婚式・葬式などの習俗に伴う儀式などを収録する仕事に没頭する期間が長く続いた。日本列島の諸芸能については、大道芸・門付け芸以外に、各地の民俗芸能の数々、古典芸能と称される諸芸能も収録し、併行しながら、地球上の民族音楽も、現地収録とともに各国の放送局や研究機関から所蔵の映像を集めてアンソロジーを編集した。これらはビデオで二百巻弱、CDで百巻くらいになっていた。

日本を含めて地球上のこれらの諸芸能をみながら、それらの個々の芸能がもつ独特で多彩な民族性に尽きぬ興味をおぼえながらも、一方で各芸能の間で不思議なほどの類似性・共通性を感じる場面も多かったのである。民族の歌や踊りやさまざまな芸能はどのように生まれ、どのように伝わるのか、それらはどのように影響を受けたり、互いに影響しあうのか、それにより芸能としての独自性は薄まるのか、それともそこからなにか新しいものが生まれるのか、というようなことを否応なく考えさせられたのであった。

とくに、中国の少数民族の地域を回ってから、そうした疑問・関心はよりいっそう強くなっていった。一九九一年からの五年間は、広大な中国の大地を五十五に及ぶ少数民族の村を訪ねる旅だったが、その旅は、北京、上海など大都会はアクセスの中継地として通過するだけで、滞在する地域は中国大陸の奥深い辺境の村だった。

西北部の新疆ウィグルなどの自治区は中央アジアに連なり、東北部の内モンゴル自治区、黒竜江・吉林省などはモンゴル、ロシアにつながる。チベット自治区はインドにつながり、西南部の雲南省は東南アジアに接している。少数民族の人びとはそれぞれ国境をまたいで分布しており、中国国境という国境の概念を取り外して地球規模で考えてみると、少数民族の実状がより鮮明に見えてくることは新鮮な驚きだった。

このように文化・宗教・習俗が異なる少数民族地域でさまざまな歌や踊りを聞いたり、見たりの生活を五年も続けると、それまで日本列島から眺めたり想像してきた芸能そのものが、まったく違う様相を呈してくるのだった。

チベットの四千メートルを超える高地の村や、雲南省の西北最深部に住むトールン族の村からみる日本列島の諸芸能は、その独自性よりはむしろ、ユーラシア大陸との共通性・関連性・類似性を思わせるのであった。歴史的にも、地理的にも日本列島がユーラシア大陸の一部であるということが、当たり前のこととして受け入れられたのである。

仏教、道教、イスラム教、チベット仏教、アニミズム（シャーマニズム）、儒教、そしてキリスト教などが、まだ活力をもって共同体の日常生活に根ざしている、五十五に及ぶ少数民族の諸芸能・祭り・

習俗から匂うものは、私に、芸能成立時の力強さや呪術性が失われ、形骸化した日本列島の芸能のあり方に、根本的な疑問を抱かせるものだった。

と同時に、芸能の本質的な基層とでもいうべきものを思い起こさせてくれる契機ともなり、日本の芸能を再認識させてくれたのである。それは、日本古来の独自なものといった狭量な認識ではなく、地球的な土壌のなかで、芸能の水脈が互いにつながっているのではないかという想像力に裏付けされた認識であった。

一九七〇年からはじまった小沢昭一さんとの放浪芸探索の旅は、かつて日本列島に存在した漂泊者・遍歴人の、生きるための芸能を探るものであった。当時すでに、日本社会の高度経済成長の波をかぶり、追われるように絶滅の一途をたどっていた放浪芸に、墓碑銘を刻む旅でもあった。このときは、漂泊と芸能との関係、定住者の芸能、賎視される芸能者などのことから、人間にとって漂泊とはなにかというようなさまざまな問題が一挙に私のなかに入ってきて、やがて整理不能に陥っていたのだった。どれひとつとっても研究者が一生をかけて追求するに足るテーマであり、私の手に余る問題ばかりだった。

しかしながら、その後も遅々とした歩みではあったが、日本の列島各地から地球上の各地を訪ねる旅を重ねるなかから、整理不能な問題が徐々に解きほぐれていったのだった。

ジプシーの故郷　ラージャスターン州と一九八四年のインド体験

一九八四年の最初のインド体験は強烈だった。一九七〇年以来続けてきた日本列島にかろうじて残っている大道・門付けの芸能の記録は、音によってレコードやオーディオ・テープにまとめられたものだったが、一九八〇年代に入りビデオの時代が到来すると、私はそれらの芸能の映像化を企画し、実現に向けて準備をはじめていた。そのころ、国際交流基金が一九八四年の秋に「旅芸人の世界」という公演を企画して、その構成・司会を小沢昭一さんに依頼してきたのである。引き受けた小沢さんは事前調査や打ち合わせのため、インド、韓国を訪れることになったため、この機会に「日本の放浪芸」の撮影取材もしようということになり、同行したのであった。

デリー郊外の住宅地のはずれ、鉄道線路と道路に挟まれた一画に、カト・プトリ・コロニー（人形つかいの村）と呼ばれる芸人集落があった。ここに住む四、五百世帯は、ほとんどが人形つかい、猿回し、熊つかい、独楽回し、奇術、絵解き（ボーパ）などの、大道芸・門付け芸を専門にする芸能者たちの村だった。この集落には、日本列島に中世時代から綿々と生き続けてきて、現在はほとんど滅びてしまった諸芸能が、まだまだ生き生きとした姿で残っていたのであった。

そして、その多くの芸人たちは、ラージャスターン州から出てきているということだった。ここで見た大道・門付け芸の数々は、どれも技術は練りこまれ、そこからは目くらましのような神秘性も垣間見えて、胸躍るものであった。そして短い日程ではあったが、ラージャスターン州のジョードプルというところまで足を伸ばして、絵解きなどを見たが、その歌や踊りのもつ濃密な呪術性や官能的な匂いも、はじめて体験する種類のものだった。それ以来ラージャスターン州という名前は、気温が四十度を超える灼熱のタール砂漠とともに、私の胸に刻まれたのだった。

ラージャスターン州はインドの西北部に位置し、パキスタンとの国境を越えて広がるタール砂漠をかかえる、インドで第二位の面積の州である。その面積は約三十四万平方キロで、日本の面積に匹敵する広さである。人口は二千万人以上だという。

その昔ラージャスターン地方は、武士階級であるラジプートの住む土地、すなわち武将（ラージャ）の大地（スターン）であり、王侯らがそれぞれの覇権をかけて争いつつ、西から侵入してくるイスラム勢力との熾烈な攻防をくりかえしてきた地域である。そしてそのような歴史的体験から、この地方には砂漠の伝説や、雄大な叙事詩、英雄譚が多く残っており、また同時に旅芸人・音楽家・占い師・霊媒師など、土地を持たない非定住の多くの人びとが、タール砂漠を放浪・遍歴しているといわれているが、実状や詳細はあまり知られていないのである。

ジプシーはどこから来たのか

非定住と芸能ということを考えていくと、やはりジプシーの人びとに行きつく。私が日本で追いかけてきた大道・門付けの芸能は「お金」のためにやる芸能であり、賎視を伴う芸能でもあったが、そのことの意味を問い直すことが、放浪芸探索の重要な要素だった。

そして探索の過程で、私は彼ら放浪諸芸の人びとから多くのことを学び、彼らの心性にふれることができたことを生涯の財産だと思っているが、彼らの生きていくための諸芸、お金に換える芸能の数々が、必ずしも日本独自のものでないことを知るに従い、ではそれらはどこから来たのか、どのようなルートをたどりながら日本列島にやってきたのかが知りたくなってきたのであった。

私はジプシーについてはごく一般的な知識しかなく、その知識にもある種の誤解や偏見に近いものも含まれていたかもしれないが、生活のための芸能者、芸能を重要な職能とするジプシーの人びとは、私にとっては畏敬すべき存在であり続けてきたので、いつかは私に可能な方法や範囲でジプシーの世界の一部にでも接近してみたかった。

彼らが過去、地球上に達成してきたこと、そして今なお展開している芸能・芸術上の精華だけをみても、その芸術的才能が豊かであることは明白なる事実であり、それらの精華は彼らが移動を重ねる過程で、その地の土着の芸能を貪欲に換骨奪胎しながら、さらに濃密なスタイルの芸能を生み出していった歴史上の遺産でもある。

一方日本列島の芸能のほとんどは、古典芸能から民間芸能にいたるまで、大道・門付けの芸能から生まれていることは芸能史的にも明らかであり、列島においても芸能の変容はダイナミックになされてきたのである。

そして日本列島を闊歩していた遍歴の芸能者の生活や心のありかたを、いつのまにかジプシーの人びとのそれに重ね合わせて考えるようになっていた。私の心のなかでは、まったくこうした考えは見当違いで皮相的だという声と、そう思うのだから仕方がない、自然に従えばいいのではないかという声が交錯していた。

これまでにも、折にふれてジプシーのことを考えることはあった。モスクワはソビエト時代から数回行っていたが、よく行くグルジア料理の店にはジプシーの流しが必ず現れた。ジプシーの唯一の商業演劇をするロメン劇場も気になりだした。スペインのセビリアで見たフラメンコの感動はなぜか。バルカン半島からヨーロッパのほぼ全域、ロシア、アメリカ大陸に存在するジプシー民族とはどういう民族か。彼らの歴史、現状などが気になりだしてくるが、その問題を考えていくと迷路に入ったような目まいを感じるのだった。

これらについてはそれこそ膨大な書物が出ており、おもに欧米の研究家たちによるものが多い。それらは文献学的、言語学的なものが多いように思われ、学説や解釈のずれ、違いがそうとう見受けられ、錯綜した論争にはついていけない気がした。文字をもたず、記録を残さないといわれるジプシー民族の研究には、それなりの困難が伴うことは容易に想像できたのだった。

だが、ジプシーはどこから来たのかという問題については、おもに言語学的研究の蓄積から、インドからというのが今は大勢だが、あくまで文献による言語学者たちの推測が中心であり、その出立の時期をめぐっても、多くの説があることが分かってきた。資料を読んだり、各地を回り続けるあいだに、私には徐々に「インド」、「ジプシー」そして「日本列島」が、大きな枠組みのなかで、ある連環したものとして考えられないかという妄想というか幻想のような仮説がふくらんでいったのである。

インドで見たボーパなどの絵解きの系譜は、日本にも寺院などを中心にかなり存在していたことは放浪芸の探索で分かっていた。猿回しは東南アジア一帯や、中国においても存在するし、日本でも一時の絶滅状態から復活した。その他インドで見られるさまざまな注目すべき諸芸能は、日本列島においても以前は見られたものが多いし、現在でも見られるものはある。

インドとジプシーのつながりでみると、だれでも気がつくことは、熊つかいはジプシーのなかではウルサリといわれ有名なことであり、猿も飼いながら旅をするらしいというような事実である。たとえば熊つかいについては、蛇つかいや動物一般の飼い慣らし、曲芸や奇術などとともに、はやくも十二世紀のビザンティン帝国の文献に、ジプシーの出現を記録するなかで、やや軽蔑的なとりあげかたで出てくるほどである。

こうした芸能的な共通性を考えていくと、その背景にインドとジプシーの人びとの伝統的な職業や生活習慣、習俗のありかたが、より見えてくるかもしれないと思えてくるのだった。

私はインドの西北部ラージャスターン州のタール砂漠にもう一度行って、そこでできるものならば原ジプシーとでもいうべき人びと――非定住・漂泊・遍歴・放浪を続けながら生業としての門付けをしている人びとに会いたかった。そういう人びとが今もいるのかどうかはまったく分からなかったし、会える自信もなかったが、行かなければ何事もはじまらなかった。

さらに定住はしていても、半定住というか一時的なものもあるだろうから、さまざまな芸能者に会って、彼らのなかから、ジプシーの原質のようなものを感じ取ってみたかった。それはあくまで私がどう感じるかということであって、彼らの顔とか姿や生活ぶり、歌や踊りを学問的に分析するつもりはなかった。そうした方法を否定することはできないが、私にはそのようなアプローチではジプシーの原質には到達できないように思われた。

ただ私のささやかで、無謀な望みは、インド西北部のラージャスターン州をジプシーの故郷として見つめなおしてみたいこと、またそこから、東南アジア、中国、そして日本列島など東方への移動の可能性なども考えてみたいという思いだった。

インド起源説と出立をめぐる諸説

ここで、ジプシーのインド起源説についてふれておこう。ジプシーの移動に関する千年の歴史の、ほぼ半分については、残存する記録のなかで、現代に通用する文献資料はほとんど存在しないといわれる。しかもジプシーは自らの記録をいっさい残していない。残された文献資料はつねに、他者による偏見、無理解にもとづく記録である場合が多い。

ヨーロッパでは、ジプシーを指す呼称はいろいろある。英語の「ジプシー」は「イジプシャン(Egyptian)」がつまったものとされるが、フランス語の「ジタン(Gitan)」、スペイン語の「ヒタノ(Gitano)」とともに、彼らがエジプトからきたと信じられていたことを示している。

また、ギリシアで彼らが「アッツィンガニ(異教徒)」と呼ばれたことに由来して、フランス語では「ツィガン(Tsigane)」とも、ドイツ語では「ツィゴイナー(Zigeuner)」、イタリア語では「ツィンガロ(Zingaro)」とも呼ぶ。十一世紀ごろには、ジプシーはバルカン半島に達していたとされ、ギリシアを経て西ヨーロッパに姿を現したのは十五世紀初頭とされているが、それまでヨーロッパの人びとは、彼らの正体についてはまったく分からなかったのである。

ジプシーのインド起源説は十八世紀以降、学者たちのあいだで広く知られるようになったが、それはインドのことばを理解する人たちが身近にいることに気がついた研究者たちによってである。

一七五三年に、ハンガリーのイシュトヴァーン・ヴァリという聖職者がオランダのライデン大学に学んでいたとき、インド南西部のマラバル海岸からきた三人の留学生と知り合いになり、ヴァリは彼らから母国語について一千語にのぼることばを採取した。その後ハンガリーに帰国後、国内で話されているロマニ語との類似に気づいたヴァリは、さらに地元のロマたちが採取したことばを理解することを発見したのである。

また一七八三年、ゲッティンゲン大学のドイツ人ハインリヒ・グレルマンが著書『ジプシー』を刊行して、ロマニ語とインド・アーリア語との比較を行ない、両者の一致する割合が多いことを、歴史言語学的な分析で明らかにした。ジプシーのインドとの関連を指摘したのはグレルマン以外にもいたが、当時理解されていた言語学的蓄積を的確に活用して、ロマニ語のインド起源説を一般に広めた功績は大きいといわれている。

では、ジプシーの祖先たちはいつインドを出て行ったのか。最初の手がかりとして、ジプシーのことが歴史にあらわれてくるのは、ペルシアの歴史家ハムザが『王の歴史』（九五〇年）のなかで、五世紀ササン朝ペルシアのシャーだったバフラム・グールについて書き記したもののなかである。それは、臣下のことをいたく気づかう王は、臣下の楽しみのために、インドの王様に頼んで一万二千人のゾットという楽士を招き寄せたという内容だ。

そして六十年後の一〇一一年、似たような話がペルシアの詩人、フィルドゥシーの叙事詩『王の書（シャーナーメ）』にも登場する。

バフラム・グール王は、金持ちは音楽を聞きながら酒を飲めるのに、貧乏人はそれができないという不満を聞き、ただちに使いをインドのシャンガル王に送り、リュートを演奏できるルリの男女を一万人招きたいと申し入れた。ルリの男女がやってくると、王は彼らにロバと牛と小麦を与えた。それは彼らを作男として働かせ、リュートもやらせようと思ったからだった。ところがルリはまもなく小麦も牛も食べつくしてしまった。王は彼らを咎めて、残っているロバの背に楽器をくりつけて、歌やリュートで身を立てていけ、と追放した。こうしてルリは今もさすらいの日々を送っている。日々の糧を乞食し、オオカミや犬の傍で眠り、路上で昼夜盗みを働いている。

ゾットやルリは、ジプシーを指すペルシア語である。これらの物語はそのまま事実とは思えないが、ある時期にインドから出て行った原ジプシーが、ペルシアを経過した歴史的な事実が伝承化したものと理解できるかもしれない。その他比較的早い時期、八世紀の前半にはインドを出国したという説などもあるが、大部分の学者は十世紀のある時点で、ジプシーがインドを離れたと考えているようである。

現在はこのようなジプシーのインド起源説がほぼ通説になっているが、これに異論を唱える学者、研究者がいないわけではない。その代表的な論者は、イギリスの社会人類学者ジュディス・オークリーである。一九七〇年より南イングランドを中心に長期フィールドワークを実施した成果から生み出された『旅するジプシーの人類学』（木内信敬訳　晶文社）は、画期的な労作である。フォンセーカの『立ったまま埋めてくれ』が、ジャーナリストによる切れば血の出るような迫真のルポルタージュであるとすれば、オークリーの著は、綿密に積み上げられたフィールドワークの記録として、強い説得力がある。

彼女は、ヨーロッパ各地のジプシーたちがすべてインドに出自をもつという説に反論している。十五〜十六世紀のヨーロッパ全域では、社会経済的変動が起きて、自分が属していた村や農場から逃げ出した流浪生活者、浮浪者の数が増大し、そうした人びとの群れのなかに多くのジプシーの先祖と考えられる人たちもいた、というのがオークリーの主張である。

この説は、若干論点にあいまいな点があり、はっきりしないが、私は流浪生活者がジプシーに混じっていったことはありうるだろうと思う。しかしながら、インドからの起源をあまり認めたくないという部分は説明不足であり、説得力を欠いている。

デリーからジャイサルメールへ

約七割程度の座席が埋まった飛行機は十時間後、夜八時過ぎデリーに着いた。仕事仲間の市橋雄二さんとの二人旅であるが、彼は大学でヒンドゥー語を専攻したので、この旅はとくに心強いものがある。

十七年ぶりのデリー空港だったが、前回のときは到着が深夜一時ごろだったにもかかわらず、空港付近には車や宿の客引きなどがびっしり詰めかけており、その熱気に圧倒された記憶があったが、今回はそれに比較すれば落ち着いた空港風景だ。

予約してあったホテルに入り、夜食にありついたのは十時を過ぎていた。翌朝はスケジュールの都合で早朝五時出発ということなので、外出せずに、ホテルのレストランでジャガイモとカリフラワーのカレーを食べたが、きりっとした味で、インドに来たのだということを実感した。

翌朝は四時半に起床し、六時発の国内線でラージャスターン州の都市ジョードプルに向かった。デリーは雨季の終わりのころで、湿度が高く、体にまとわりつくような湿気を含んだ空気だった。デリーの空港の警備が厳しくて、ボディーチェックは念入りだった。

機内のスチュワーデスは濃いあずき色のサリーを身にまとっていたが、褐色の肌がサリーになじんでとても似合っていた。このような色調はインド独特の感性が生んだもので、日本ではなかなか生まれない色の使い方だと感心したりした。途中、ラージャスターン州の州都ジャイプールを経由し、午前八時にジョードプルに到着した。

ジョードプルはインドの西北部、デリーから約五百キロ離れたかなり大きな都市である。前に来たときは、五月のいちばん暑い時期で、連日四十度を超える猛暑のなかだったが、今日のところはそれほどではなかった。

今回の目的地は、ジョードプルからさらに西へ二百五十キロ行った、タール砂漠のなかのジャイサルメールというパキスタン国境にも近い町である。予約してあったジープも迎えに来ており、ひと安心。南北二コースあるジャイサルメールへの道のうち、北まわりのコースを選択して出発した。埃っぽい道路を予想していたが、道路が濡れており、スコールが止んだ直後らしいことが分かる。濡れかたを見ても、日本で経験するようなものよりは激しく、道路の深い穴などまで水があふれている。インドは雨や気温にしても、中途半端な降りかたはしないし、温度もふつうということがないようだ。降るときは豪快に降り、降らないときは旱魃になるほど、メリハリの利いた気候なのだ。

ジョードプルの郊外に鉄道の踏み切りがあったが、二十分以上も閉まっているので、あまりの長さに途中からあきれていたが、自動車以外のスクーターや歩く人は、何事もないかのように、わずかに空いている隙間をくぐり抜けていくのだった。これがインドなのだと思い、ともすれば頭をもたげてくる日本的思考の芽をつみとるのだった。

カレーはうまかった

なにも食べないで朝早く出発してきたので、十時ごろやや遅い朝食をオシアンという町でとることにした。道は舗装していないので、車による土ぼこりがすごい。この時間になるとスコールの効き目も消えている。多くの牛ものんびりと道の中央を歩いている。典型的なインドの田舎町の風景だ。

町は宿場町の中継地のような活気があふれ、道の両側には商店が軒を連ねている。雑貨店には服、ゴムぞうり、菓子類、工具類がびっしり並んでいる。私たちは店の前の広場に建てられたトタン屋根の仮設小屋でカレーを食べたが、ここもうまかった。

アルミの食器に無造作に入れられた野菜カレーに、付け合わせに厚めにスライスした薄紫色のたまねぎとレモンがついている。一口入れると、カレーの複雑な味わいと辛みがたちまち熱く口中に広がる。それを冷まして新たにカレーを味わうために、レモンをしぼり、振りかけたたまねぎをがぶりとかじる。このくりかえしがじつに野趣があっていいのだ。

傍の小さな鉄板の上で焼いたチャパティがどんどん出てくる。東京では、インド料理屋に行くと、だいたいナンという薄焼きパンがでてくる。ナンは小麦粉を水でこねて発酵させ、薄く伸ばしてかまどの内側にはりつけて焼いたもので、やや白い色をしている。こちらインド北部では、チャパティが多い。これはナンと違って、発酵させないで焼いた薄焼きパンで、色も褐色だ。私はチャパティの素朴な味が好きだ。とにかく、カレーはホテルのレストランから田舎町の出店まで、とてもうまくて、個性的な味をもっており、さすがカレーの本場インドだと感服したのであった。そのうえ値段がリーズナブルで、二人でしめて七十四ルピーだから、ひとり百円前後だ。

オシアンを離れると、周囲はブッシュが多い黄土色の平原地帯になった。砂漠化現象が進んでいる感じで、いずれこのあたりも砂漠になるのだろうか。ぽつんぽつんと人家も見えるが、緑が少なく、住むには過酷な土地だと思わせるが、孔雀が多く見受けられ、荒涼とした風景に色合いをそえているのだった。道は車の数はあまり多くはないが、たまに乗り合いバスに出会うが、ぎっしり満員である。ほとんどのバスのフロントにＴＡＴＡという会社のロゴが入っているが、市橋さんによると、ジャイナ教の大金持ちがオーナーだそうだ。

黄金の幻の城

ジャイサルメールまであと百キロくらいまで近づいてくると、道路を歩く明らかに巡礼者とわかる数人単位の集団が増えてきた。のぼりを掲げていたり、旗を持って行進しているが、その数はますます増える一方だったので、これはそうとう由緒ある寺がこの近くにあるのだと思わせた。

聞くところによると、ラームデーオラーという町にあるラームデーオ寺院の祭りが、一週間先の八月二十日に行なわれるため、それを目ざした巡礼者だったのだ。ラームデーオというのは十五世紀に活躍した英雄の名で、それを祀った寺院がラームデーオ寺院である。彼は六〜七世紀にかけてラージャスターンに定着した勇敢な戦士として知られるラジプート族の英雄で、武勇伝や貧者を助けた慈善で知られ、人間の平等を説いた。興味深いのは彼が、ヒンドゥー教徒とイスラム教徒の庶民から、それぞれ独自の解釈のもとに信仰されていることである。

幹線道路から横にそれた道の行き止まりにある寺院の境内は、すでに巡礼者であふれ、寺院に連なる参道の坂道は往復用に二つに仕切られ、両側に手すりが臨時に設置されている。鐘が鳴らされ、参道を挟むようにみやげ物店がびっしり並んで呼び込みが激しいのは、なんら日本の風景と変わらない。寺院の前に、英雄ラームデーオの絵が掲げてある。スコールのあとのぬかるみを気にもせずに、巡礼者がどこからともなく湧き出すように集まってくるのを見ていると、日本の四天王寺や東寺の縁日風景を思い出し、祭り当日はいったいどのような光景が出現するのか想像して、心ざわめくものがあった。

いくぶん去りがたい気分をふりきって、目的地ジャイサルメールに向かった。六時間のドライブに飽きてきたころ、突然、熱く、どんよりした空気のなか、眼前に城砦が揺らめくように現れた。ジャイサルメールに着いたのだ。それは黄金の幻の城が、はるかな年月の侵食をむき出しにした岩の丘陵に横たわっているようにみえた。壮大で荘重ではあるが、どこか輪郭がつかみにくい不定形な城砦だ。ジャイサルメールの城砦は、延々と続く砂漠を越えてきた旅人の目には、その出現のしかたがあまりに唐突なので、信じられない思いを抱かせ、奇跡を信じさせる呪力を秘めた街のように映る。これほど旅人に劇的な効果を与えながら姿をあらわす街を、私は知らない。

パキスタンとインドにまたがる、タール砂漠のほぼ中央に出現したジャイサルメールの街は、約五キロ四方のなかに約四万人の人びとを抱えている。タール砂漠は、ラージャスターン州のほぼ中央を南北に横切るアラヴェリ山脈（標高千～千五百メートル）から西に、パキスタンとの国境を越えて広がっている。

ジャイサルメールは一一五六年に、ラジプートの子孫ラワル・ジャイサルによって創設され、陸路交通の要衝として繁栄したが、海の交易がはじまってからその影響を受けて衰退した。現在は繁栄時代に建築された寺院群や、複雑な彫刻を施したハヴェーリーと呼ばれる富豪たちの建築物が、観光客を集めている。

ほとんどの建物や家は石か泥でつくられており、石と泥の色がこの街の基調だ。砂漠からジャイサルメールへの入り口付近では、道路の改築・補修や街路灯の整備作業が盛んに行なわれていたが、秋の観光シーズンにそなえてのことだろう。

二　砂漠の要塞　ジャイサルメール

力強い味方、バラニさんに会う

私たちはここを拠点にして、タール砂漠の遍歴・漂泊の民を探索することになる。ホテルに入ったのは暑さが最高潮の午後二時半だった。

このホテルの外観は、インド的というより、ラージャスターンふうな王宮を模した石つくりの建築で、内部はいくぶん西欧ふうな設備を施してあるが、全体的にはインドふうな味わいのホテルだった。荷を解き、なんの手がかりもないまま市内へと繰り出したが、まずツーリスト・レセプション・センターというところがあるというので、そこで手がかりを得たいと思った。ジャイサルメールの観光局といったところだ。

知らない土地をはじめて訪れ、そこでなんらかの情報を得るということから仕事がはじまる。こうしたことを長年してきたが、日本でも外国でも基本は同じだ。まずよき協力者を探しだすことからすべてははじまる。よき協力者とは、われわれの意図なり目的を的確に把握して、自身もそのテーマに関心をもつ行動力のある人である。外国であればそれにことばの問題が加わるので、通訳だけでなく、コーディネーターとしても動ける人がほしい。

訪ねたオフィスは開いていたが、フロントにはだれもいない。仕方なく昼下がりの気だるさが漂うなかでしばらく待っていると、精悍な五十代の男性が現れた。バラニさん（B. L. Ballani）という職員はなんでも聞いてくれというように、フロント前の椅子を勧めてくれた。私たちの目的をかいつまんで話してから、しばらくはあたりさわりのない一般的な芸能について話していたが、話が大道芸・門付け芸に関するやや専門的な内容に入り、ジャイサルメールの芸能者について突っ込んだ質問を重ねた。

観光局の役人だから、特殊な芸能の分野には通じていないのではないかという私の予想に反して、バラニさんの答えは的確で信頼できる内容だった。通常の観光客が放つ質問とはかなり違う内容であり、芸能について観光客がおよそ尋ねない専門的な質問でもきちんと答えてくれたのだ。市橋さんと顔を見合わせ、うなずきあった。

猿回しや熊の芸能、そして蛇のことなど、動物芸一般についても知識が豊富で、

「ジャイサルメールで見られるものは、蛇つかいの人たちが中心で、熊つかいなどは見られません」

とはっきり言う。また、私がもっとも目ざしているのは、非定住の芸能者、遍歴しているグループである旨を告げると、そういう人びとが見つけられそうな場所、寄っていきそうな地名をたちどころにいくつか挙げてくれたのだった。しかしながら、

「行けばすぐ会えるような簡単なことではありませんが、行ってみなければなにもはじまりません」

とつけ加えるのも忘れなかった。さらにボーパについて尋ねると、

「彼らはジョードプルから来るものが多く、観光客相手に稼いでいるのが多いのです」

と言うのだった。この話も私の理解していたことに一致した。一時間ほど話したが、ジャイサルメールに着いて最初に会った人、バラニさんが私の求める適任者であることは明らかだった。このような幸運はめったに起こらない。単なる通訳ではなく、コーディネーターをこなせるような適任者を探すことはたやすいことではなく、そのことだけに数日を費やしても仕方ないと思っていただけに、力強い味方を得た思いだった。

その場でバラニさんに私たちと行動をともにしながら、コーディネーターと通訳をしていただけないかと申し入れた。もちろんその仕事にたいする報酬の条件や、移動に要する車両の費用なども相談したが、バラニさんはそれについても、じつにバランスの取れた対応をしてくれたので話は決まった。

夕刻になったので、明日午前中にさらに今後の予定なども含めて相談することにした。一番気がかりだったことがスムーズにいったので、気分も楽になりオフィスを出ようとしたら、突然外が暗くなり、スコールがやってきた。はじめて経験するインドのスコールだったが、雨脚の激しさはまさにバケツの水をひっくり返したようで、それに雷の音まで加わり、あっという間にオフィス前の道路が雨水で覆われて、川のようになった。バラニさんはいつものことというように、茶でも飲んでいきなさいと紅茶を入れてくれた。三十分でスコールは嘘のようにやみ、空は明るくなり、人びとはふたたび路上に湧き出すように出てきたのだった。

芸能売り込み合戦

翌朝、観光局に行く前に、近くにある民俗博物館に寄った。公立ではなく篤志家の寄進による民間の博物館らしく、素朴なつくりの平屋の建物に、小規模な写真や民具や装飾品などが展示されていた。説明役の青年が出てきたが、彼の父親が民俗学の研究者で、その資料を展示しているとのことだ。時間があまりなかったので、さっとまわった程度だったが、その際は、その価値に気づかなかったが、あとで貴重なヒントになる展示物が数点存在していたのだった。

観光局を再訪すると、待っていたバラニさんは、

「ジャイサルメールの市内だけでなく、タール砂漠に点在する村なども回って範囲を広げないと、放浪している芸能者やそのグループを見つけるのはむずかしいですね」

と言う。移動にはジープは欠かせないが、バラニさんに心当たりがあるというのでまかせる。とにかくはじめての土地なので皆目見当がつかない。とくに砂漠地帯を移動するというのが若干心配だ。暑さ対策や水の確保などに注意しなければならない。

昨日バラニさんと話したなかで気になっていた動物芸のことをさらに質問すると、バラニさんは、

「蛇つかい（SNAKE-CHARMER）はサペラともいいますが、彼らはジョーギーというコミュニティーに属しているのです。また熊や猿を扱うものはマダリ（MADARI）といいますが、ジャイサルメールにはおりません」

と昨日の話を裏づけた。私の頭のなかに「ジョーギー」とか「マダリ」ということばが、大切な意味を帯びたものとして定着しはじめた。

急に入り口のほうが人声で騒がしくなってきた。振り返ってみると、それぞれ楽器を手にしたり、人形を持ったりしている人たちが集まってきている。またたく間に、二、三十人が入り口に近い車止

めに集まり、気の早いものは楽器の調律などはじめている。

バラニさんが芸人たちに声をかけてくれたのだ。それにしても昨日の夕方にはじめて会って目的を話したばかりなのに、次の日の午前中にこれだけの芸人が集まるのは、ここの共同体の情報ネットワークが濃密な証拠だろう。彼ら芸人たちはパソコンを駆使する人には見えないから、芸人のだれかに伝えれば一挙に伝わるくらい、集中して居住する地区があるのだろうと想像した。それにしても一団となった彼らのまなざし・外見・身振りなどから発する雰囲気は、私がかつて接してきた幾多の漂泊の芸能者に酷似したものだった。それはお金に換える芸能を生業にしている芸能者に共通するものだった。

カト・プトリ

せっかく集まってくれたのだから、どんな演奏や出し物があるのか、少しずつ演じてもらうことにした。そのなかでとくに興味深いグループがあれば、録音をしたいと思っていた。
まず人形つかいからはじめてもらうことにした。赤い民族衣装の女の人形は丈が五十センチもあり、眼が異様に大きい。人形つかいの手元に束ねた糸を、上から吊って操る糸繰り人形「カト・プトリ」は、ラージャスターン州の代表的な人形劇である。人形の操りも堂にいっており、練りこまれた芸だ。以前デリーでみた人形つかいもラージャスターンから来ていたと言っていたが、同じ形式のものだった。即興で脇のハルモニヤム

カルタールを両手にするクトレ・カーン（中央）とハルモニヤムを弾く父（右）

（手こぎ式のオルガン）とドーラクという両面太鼓が伴奏をつける。こちらも舌を巻くほどの腕前だ。

次はボーパの夫婦だ。ボーパについては後述するが、ひとことで言うと、絵巻物などの絵解きをしながらうたい、踊る大道芸だが、地方によっていろいろな形態がある。一九八四年にジョードプルでみたボーパは男二人のペアーで、片方が女役だった。

男のほうはボーパといい、女はボーピーと称する。ピンクのターバンを巻いた夫は、ラーヴァンハッターという独特な弓奏楽器を弾き語りしながら踊る。妻は終始顔を布で隠しながら夫の歌とかけ合う。このコンビも夫婦の息が合い、そうとうの場数を踏んできていることは明らかだった。

ボーパの特徴は、ラーヴァンハッターという楽器である。ココナッツの殻の小さな胴体に太めのネックを差し、二本の演奏弦と十八本の共鳴弦を持っている。弓の先のほうには六個ほどの鈴がついていて、弓を引くときの手首の返しでシャンシャンとリズムが取れる。楽器の姿が派手なこと、弾きながらうたい踊るという豊かなパフォーマンス性、そして「夫婦芸」であること、これらの要素が重なって、ボーパは観光客相手の大道芸の花形でもある。

自作の楽器を持ってきた男もいた。ババングというこの地方独特の一弦楽器で、把手のついた円筒形の胴体の底に羊の皮を張り、そのまんなかに一本の弦を張る。弦の尖端をT字型の駒に巻きつけ、固定せずに手でゆるめたりピンと張ったりしながらバチで弾くのだが、野性的な響き、うなるような音色は、一度聞いたら忘れられないものだった。

この男は口のなかで演奏する口琴も演奏した。この口琴は金属製で、モールチャングという。口琴も地球上の多くの民族に広く分布している楽器だ。

さらにハルモニヤムとドーラク、そしてカルタールの合奏も、目をむくような超絶技巧だった。カルタールは、日本の四つ竹に似ており、竹の代わりに二枚の二十センチの細長い板を左右の手に持ち、カスタネットのように打ち鳴らす。指さばきは同じだが、手首を返す瞬間に板の重さを利用して、カタカタカタという連続音が迫力があり、キメのところでは身を乗り出して両腕を広げて見えを切る派手なジェスチャーが魅力的だ。うねるような合奏がカルタールのキメで静止する瞬間は、一種のカタルシスを感じるほどだ。

そのほか男による女装の踊りといったややあやしいものまで、九組のパフォーマンスが行なわれ、三時間が過ぎていったが、そのいずれもがおのれの腕に自信をもち、それを稼業にしている誇りを感じさせるものだった。私は聞かせてもらったグループすべてを録音したいと申し出て、午後三時から場所を改めて収録をすることになったのだった。

彼らはマンガニヤールという芸能民

バラニさんが言うには、彼らはマンガニヤールというコミュニティーに属し、芸能を専門とする民で、ジャイサルメールの芸人村、カラーカール・コロニーに住んでいるという。

カラーカール・コロニーとは、ラージャスターン州政府が土地を供与して、約五十世帯の芸人の家族が住んでいる地区である。基本的には、ジャイサルメール市外から移動してきた芸人たちのために用意されたコロニーで、十五年前から住みつきはじめたという。コロニーは、私たちのホテルの近くにあり、市外を見下ろせる小高い丘の斜面にへばりつくように、泥つくりの家々が数十軒ほど密集している。そのなかの数軒は家の前に人形を並べて売っており、芸人村の雰囲気を漂わしている。バラニさんの話では、

「住んでいる芸人や楽士のなかには、自分はコロニーから別のところに転がり込んでいって、土地の権利を売りさばいて利益を得るという知恵者まで現れ、市当局も頭を悩ませているのですよ」

と首を振りながら言うのだった。マンガニヤールということばは、インド音楽のCDの解説パンフを見るとたまに見かけることばだったが、その実体についてはほとんど知らなかった。

民族学的調査報告書「インドの人びと——ラージャスターン」によると、マンガニヤール（mangnyar）の‘mang’は物を乞うことを意味し、乞食、物もらいの人びとをマンガニヤールと称する。音楽を生業とするコミュニティーで、ジャイサルメールなどにかなり存在し、またパキスタンとの国境を越えて存在している。

インド独立後も最後まで藩王政に固執したジャイサルメールの王も、政府に従い、地位を返上し、かつての社会構造が崩壊したとき、それまで王家の官吏をパトロンとして成立していた多くの職業カーストは、存立の危機に遭遇した。音楽でパトロンに仕えていたマンガニヤールも例外ではなかったが、

現在までしぶとく生き残っている。

彼らはカースト的にはミラースィ（mirasi）と自称しているが、ミラースィの人びとはマンガニヤールを同列とは考えていない。ミラースィとは土地を持つものと、持たざるものがいるが、人の生誕や結婚式の間、歌をうたい、太鼓を打つ職種であり、マンガニヤールより上位のコミュニティーに属する。

マンガニヤールも祭りや結婚式で報酬をもらうが、歌をうたいながら門付けをして物乞いをする。しかしこれだけでは生活できないので、日雇いの仕事をやっている。もちろん彼らは土地をもたない。近年は音楽アーチストとして、目立つ存在になってきており、なかにはその卓越した演奏技量から国際的名声を得るものもいる。彼らはイスラム教徒であり、スンニ派に属する。非常に豊富な口承の民間伝承をもち、うたう歌の数々は世代を通じて伝達されている。また歌や踊りは独自の伝統をもち、使用する楽器は典型的で地方色が濃い。

さらに報告書には、彼らの地位の低さを示すような記述がある。

「社会的な、職業上のレヴェルでは、彼らはさまざまなコミュニティーと関係をもつが、上位のカーストのものは、彼らから調理された食物や水は受け取らない。同族結婚が厳格に守られ、他のコミュニティーとの結婚はない。彼らは公共の場所へ入ることができるし、公共の井戸を使える」

この報告書は、各コミュニティーの職業、信仰、習俗、伝承などについてふれているが、そのなかに必ずといっていいほど、コミュニティー間の食物や水のやりとりや井戸の使用の是非についての記述がある。異コミュニティー間の接触、交わりによる穢れ意識が、インド社会にいかに深く根付いており、日常生活を規制しているかが分かり、やや衝撃的である。

ヒンドゥー語の堪能な市橋さんが、観光局の前に集まった人びとに「あなたたちはマンガニヤールですか」と聞くと、「われわれはミラースィだ」という答えが返ってきたのだった。

マンガニヤールの地位のことなどを考えていくと、どうしてもインド社会にあるカースト制に行きつくのであるが、カースト制については後述することにしたい。

日本の絵解き

英雄の物語や伝説、高僧や祖師の生涯、寺社の縁起、経典の内容などを描く絵を指し示しながら人びとに説き語りかける絵解きは、仏教発祥の地インドに起こり、中央アジア、中国を経て、日本に伝わったとされている。日本での絵解きの最古の記録は平安時代初期に認められ、仏教信仰を中心として展開していった。

私が三十年前に日本の列島各地で見た絵解きは、おもに寺院に残っていた。和歌山県道成寺の「安珍清姫」、神奈川県遊行寺の「小栗判官照手姫」、三重県教善寺の「冥途の旅日記」、奈良県当麻寺の「当麻曼荼羅」、長野県往生寺の「苅萱石堂丸」の絵解き、そして富山県の瑞泉寺の「聖徳太子絵伝」などを見ることができた。道成寺の絵解きは、今でも観光客のルートに入っている。

これらは、それぞれの伝承や寺に伝わる縁起の絵巻物を説き語る形式で、すべて一人で演じていた。語る調子は平板になっているものが多かったが、遊行寺の女性の語りには節が残っており、かつて芸能化した時代の片鱗がうかがえた。

これらの絵解きは中世時代に盛んだったようで、僧形の法師が琵琶をひいたりしながら、絵巻物の縁起を語ったのであるが、のちには熊野比丘尼と呼ばれる女性の手に移り、熊野縁起を伝え、地獄極楽の絵を絵解きしながら各地を遊行したのである。さらには流行の歌謡などもうたい、熊野への勧進をつのって歩いたので、勧進比丘尼とも唄比丘尼ともよばれるようになり、さらに売色をもかねるようになったといわれる。

脇田晴子氏の『女性芸能の源流』(角川選書)をみると、熊野比丘尼などの民間宗教者が布教した熊野縁起にふれている。すなわち、インド天竺の摩訶陀国という国の善哉王という王が、妃たちや王子との間に起こった嫉妬や暗闘や奇跡の末、黄金作りの飛び車に乗って、日本の熊野に飛来したが、神武天皇のころに三枚の鏡になって現れ、それが本宮(熊野坐神社)は阿弥陀如来、西宮(熊野那智神社)は千手観音、中宮(熊野速玉神社)は薬師如来であるという縁起となったという。

熊野権現も、本地をインドに求めて物語をつくったということが興味深い。インドのボーパと日本の絵解きとはどのような関連があるのだろうか。

日本の絵解きの先祖、熊野比丘尼は、遍歴・漂泊の民間宗教者から大道芸能者へとその性格を変えていったが、放浪性は消えなかったと思われる。しかしながら列島各地を歩きながら、なかには定住をするような比丘尼もいただろうし、またその影響を強く受け、各地の寺などが縁起を生んでいったことは容易に想像できる。私が一九七〇年にみた絵解きはすべて寺に残ったものだったが、縁起や伝承・物語を絵解きする芸能者を寺が抱えていたのだろうか。いずれにしても、絵解きはかつて日本列島を遍歴した大道芸そのものであった。

インドのボーパ

インドに古くからある絵解きの伝統は、おもにラージャスターン州から隣のグジャラート州にかけて多く分布している。いろいろな形があったろうが、絵巻物などを示しながらうたったり、語ったりするもので、初期の段階では「ラーマーヤナ」や「マハーバーラタ」のような叙事詩が布教もかねてとりあげられた。

その絵解きを生業とするボーパは、マンガニヤールのコミュニティーには含まれないで、別のコミュニティーとして独立している。前にもふれたが、私は十七年前にデリーとラージャスターン州のジョードプルとで、二種類のボーパを見た。絵解きをするという点では共通だが、二人の組み合わせでは、母と息子のコンビと、男同士で片方は女形というコンビだった。

母と息子のコンビはデリーのコロニーで見たもので、スタイルはジャイサルメールで見たものと同じであった。男同士のものは、彼らの属するビールというカーストでは、女性が芸能を行なうことが禁じられているので、女形という形式をとっていたが、男が手にする楽器も、グジャーリというラーヴァンハッターの親戚の楽器で、女形は真鍮の盆（ターリー）を両手にしながら、アクロバット的な激しい旋回をくりかえすもので、踊りの要素が前面に出たボーパであった。この激しさは見物人のなかから、パブジーとよばれる英雄の霊が乗り移って、トランス状態になったりすることがあるほどである。とにかくこの男と女形のボーパからはシャーマン的要素が濃厚に感じられた。

いずれにしても本来は、彼らは砂漠の遍歴を重ねるなかで、家々を門付けし喜捨を乞い、招かれて絵解きをして稼ぎを得る伝統的な放浪芸人である。ラジプートの英雄の生涯を色彩豊かに描いた幕（パド）を前に、その由来・縁起について絵解きをしながらうたい、踊り、かけあう大道の芸能である。ボーパはその典型的なラーヴァンハッターという楽器とパドと呼ばれる幕をもっている。その幕にはラジプートの英雄神（パブジー）の武勇伝が描写してあり、彼らボーパのことを正確に言うと、パブジー・キ・パドという絵解きをする人びとのことである。

「インドの人びと——ラージャスターン」によれば、「ボーパはラジプートの後裔であり、クシャトリヤのヴァルナと同等であると主張しているが、ラジプートやほかのクシャトリヤのものは彼らボーパを同等とは認めない。彼らはボーパからの調理された食物を受け取らない。ほかの隣接するカーストも彼らをアウト・カースト（不可触民＝以下アウト・カーストに統一）の上の中位に位置づけている」と説明している。

クシャトリヤは、インドの四つのカースト、バラモン（祭官・僧侶階級）、クシャトリヤ（王族・武士階級）、ヴァイシャ（平民）、シュードラ（隷属民）の一つで、インドでは四つの区分をふつうヴァルナという語によって表している。アウト・カーストとは、カースト制が成立していく過程で穢れの観念と結びつく行為をその職業としていたり、また、ヒンドゥーの信仰を受け入れない部族であったことが原因でヴァルナのなかに入れなかった人びとのことである。

ここにも、先のマンガニヤールの人びとが自分たちをミラースィと自称しても、ミラースィの人びとからは認められない構造と共通するものがある。自分たちのコミュニティーを上位のものとして主張するが、上位のコミュニティーからは否定されるのである。それは調理された食物や水を受け取らないという形で表される。インド社会における日常生活で穢れが伝わるということは、なによりも忌避されるのである。

ラージャスターン州の一般的な特徴として、各カーストは三つの名前をもつといわれている。ひとつは尊敬すべきもの、二つめは一般的で中立的なもの、三つめは軽蔑的で、品位をおとしめるものである。ミラースィは尊敬すべき名称、マンガニヤールは一般的な言い方で、軽蔑を含んだ表現にはドームやカミーンがある。

ボーパの女性は、多くのコミュニティーの女性に共通して財産相続の権利はないが、社会的・儀式的・経済的側面では重要な役割をもっている。ボーパは一人では移動しないで二人が常にともに行動し、彼女は夫の奏でるラーヴァンハッターに合わせてうたう。パブジーの歌のときは、夫とともにうたう。彼女の役割は重要である。

また、牛やラクダの治療にも彼らは呼ばれるが、一晩じゅう歌をうたい続ける。そうしたときの彼らの報酬は百五十〜二百ルピーである。およそ四百円から五百五十円程度だ。彼らはヒンドゥーを信仰し、パブジーのことを伝える民謡などを、世代を超えて継承してきた。ボーパはラジプートやさまざまな牛飼いのグループやほかの家畜を持つコミュニティーとも伝統的な関係を保ってきたが、それは社会的レヴェルにおいてであった。ボーパは同族結婚で、ほかのコミュニティーとは姻戚関係はもたない。彼らは井戸で水を飲めるし、公共の場に近づける。マンガニヤールも同様な扱いであるが、井戸も使えない、公共の施設などには入れないコミュニティーもいるということだ。

また絵解きは、ラージャスターン州だけでなくほかにも存在している。ベンガル地方ではポトゥアという絵師が自分で絵を描き、うたいながら絵解きをする。マハーラーシュトラ州南部には紙芝居形式の絵解き（チトラカティ）が注目されている。

強烈な旅芸人の匂い　姉妹の踊り

三時からの録音は、市の中心から離れたサナトリウムの敷地内で行なわれた。直前にスコールがあり、心配させられたが、三十分でぴたっと止んでくれた。マンガニヤールやボーパの夫婦の録音は順調に進んだが、いつのまにか飛び入りのグループが交じっていたのにはびっくりだった。午前中は姿を見せなかった参加者たちのなかに、ひときわ強烈に旅芸人の匂いを漂わせる一団がいた。そのグループには女性が三人入っていたが、明らかに踊り子ふうで、いずれも十代の半ばぐらいの少女たちだった。

一人は黒いロングドレスにピンクが主体で、黄色、緑色、空色、そして白色のぎざぎざ模様がある衣装で、眼に独特の強さが宿っていた。あとの二人は姉妹で、真紅とピンクの鮮やかな色のロングドレスで、腕輪が手首と上腕部を覆っており、額には大きな金の飾り物をつけている。三人とも愛想良さが身についており、年齢からは考えられないほど艶やかな雰囲気がある。

最初の踊りは「カーリョー」という曲で、ハルモニヤムとドールという両面太鼓に歌が加わった踊りだった。

「夫は私のためにバラの花を買いに市場に行ったのに、カリフラワーを持って帰った」

というユーモラスな内容である。黒い衣装の少女が、ロングスカートをなびかせながら旋回をはじめた。何回かの旋回のあと、片足を蹴り上げて、体を斜め後ろによじる。小刻みなリズムに合わせてステップを巧みに踏む。そしてまた旋回がはじまる。右の足首には鈴の輪が巻いてあり、そのたえずしゃんしゃん鳴り続ける音を聞いていると、吸い込まれていくような気分に陥る。旋回にはフラメンコを彷彿させるものがあり、太鼓と歌が踊り子を盛り上げるように熱を帯びてくる。踊りの途中には、お札を半分に折って地面に立たせ、反り返りながら口に挟んで取るアクロバティックな見せ場も作る。たえず笑みをたたえながら踊る様子には、一種の呪術的な雰囲気が見え隠れしていた。

カルベリアの少女の踊り

次は姉妹二人による「テーラー・ターリー」という踊りだった。テーラーは数字の十三、ターリーは直径五センチほどの二個一対の鈴（小型のシンバル）の意味である。

座ったままの二人が身をよじるように交互に体を反らし、また横たわりながら手にした三十センチほどのひも付きの鈴を振る。鈴の音は伴奏の音にぴたりと合っている。次にやはり座ったまま小刀を口にくわえて同じ踊りをくりかえす。ついで頭に銀製の食器や壷をのせたまま、ひも付きの鈴を、右足の脛に一列に取り付けた七個の鈴に打ち当てる。この間ずっと一定の早いリズムの伴奏に合わせている。終始座ったままの姿勢で、ときには横たわりながらの踊りはそうとうの体力を必要とするだろうし、修練を要する技術をこの若さで身につけていることに驚いた。

この「テーラー・ターリー」の踊りは、ラームデーオ神の祭りに欠かせない踊りとして知られている。私がジャイサルメールに入る前に立ち寄ったラームデーオラーの町のお祭りで、英雄ラームデーオを祀った寺院で踊られるのである。彼女たちの一団も、ラージャスターン南部のウダイプルからラームデーオ寺院に巡礼と稼ぎに行く途中、ジャイサルメールの芸人村に立ち寄ったところ、今日の件を知ったので駆けつけてきたのだということだった。

少女たちは門付け芸能者のカルベリア

全部で七グループの収録を終わったのは四時間後だったが、しばらくは彼女たちのことが私の頭を離れなかった。いろいろ気になることがあったのだった。今回インドへ来た最大の目的、ジプシーの祖先を探るうえで、なにか手がかりがあるような気がしてならなかった。

それは直感としかいいようがないものであり、具体的にいうことはむずかしかったが、彼女たちが全身から発している野太い「気」のようなもの、強いまなざし、黄砂にさらされた旅芸人の風情、年若いわりには並外れていた色香などは、彼女たちの踊りとあわせて考えていくと、私のなかにジプシーのイメージが自然に像を結んでくるのだった。

しかし出番が終わった芸人たちはそれぞれ姿を消しており、彼女たちの姿もすでにその場から消えていた。バラニさんに彼女たちのことを聞いてみると、「彼女たちはカルベリアです」と言う。話を総合してみると、蛇つかいを生業とする漂泊民で、移動しながら村から村へと門付けをするコミュニティーをジョーギーと称し、少女たちは、そのジョーギー・グループのなかのカルベリアに属する門付けの芸能者であるということが分かってきた。最初にバラニさんからもジョーギーということばは蛇つかいとして聞いていたが、彼女たちも同じグループだったのだ。ジョーギーということばが次第に私のなかで重みを増してきた。

このときは気がつかなかったが、インドへ来る直前に観た映画「ラッチョ・ドローム」の最初のシーンに出てくるラージャスターンの踊り子の衣装は、カルベリアの女性が身につけていたものに形、色合い、模様などが酷似していたことをあとで確認することができた。トニー・ガトリフ監督が自らのルーツを、インド・ラージャスターンからアラブ、ヨーロッパに跡づけるドキュメンタリー・タッチの音楽映画で、ジプシーのルーツの起源を強く暗示する重要なシーンにカルベリアの踊り子を起用していることは、私の直感が的外れでないことを裏づけてくれた。

解説書によると、冒頭のラージャスターン州における演奏シーンなどは、ディヴァーナ（Divana）という演奏グループが出演しているが、演奏スタイルはマンガニヤールそのものだった。これもガトリフ監督が、マンガニヤールの音楽をジプシーのルーツとしてとらえている証左である。

ただ、「ラッチョ・ドローム」のインドのシーンは、あくまでドキュメンタリー・タッチの「演出」が入っており、ドキュメンタリーそのものではないことは明白だ。カルベリアが踊るシーンやマンガニャールの演奏シーンは、演出され、画面が整理され、きれい過ぎて、現実感が乏しいのはやむを得まい。ガトリフ監督は、彼の考えるジプシー的なイデーを映像化したかっただけなのだろうから。

蛇つかいが生業　カルベリアとは

カルベリアとはどのようなグループなのだろうか。バラニさんに質問をくりかえしたり、調べたりしてだいたい次のようなことが分かってきた。

カルベリアというコミュニティーは、伝統的には蛇つかいを生業としており、彼らはラジプートを祖先と考えている。そして、自分たちはジョーギーと同一であると主張している。彼らは蛇を捕まえ、蛇つかいをするが、それ以外にもひったくり、強盗、窃盗、手相見、魔術、そして踊りで稼ぐ生活を続けているので、社会からの賎視を受けている。当然、土地は持たずに門付けをしながらの放浪の生活が中心であるが、一時的には村から離れたところに留まる。家畜は犬、羊、豚、にわとり、ロバ、馬、蛇などである。

一九八一年の国勢調査で、ジョーギー・グループのサブ・カーストとしてカルベリアにグループ付けされた。蛇つかいのときは乾いたひょうたんからつくったプーンギーという独特の楽器を吹く。一九七四〜七五年に政府によって定住化政策がとられたが、彼らは与えられた定住地から大挙して離れて放浪生活に戻ってしまい、定住化政策は失敗に終わった。彼らの信仰はヒンドゥーである。彼らの踊りは、カルベリアダンスとして伝統的に広く知られており、少女が踊るものである。彼らの生活はほかのコミュニティーから距離を保ち、孤立している。

さらにカルベリアにはもう一つ、カルベリア・メワーラー（Mewara）というグループがいる。ラージャスターン州のメワール（Mewar）から来たのでそういわれている。彼らの生業は竹の伐採と石臼つくりで、それらを市で売っている。アウト・カーストで一九八一年には人口三万八百七十四人という記述がある。土地はなく、放浪生活である。伝統的な石臼つくりの職業は、強力な製粉機が出現してからは滅びる一方で、生活のため日雇いもやっている。ヒンドゥー教を信仰している。やはりほかのコミュニティーからは孤立しており、メンバーは水場では、ポンプで水を汲み、持ってくることは許されている。公共の儀式・会合への出席はできるが、運営などに関与することはできない。

このようなことがだんだん分かってきた。あの踊り子たちはカルベリアの踊り子だったのだ。それにしても彼らのインド社会における地位がいかに低く、賎視されていることか。マンガニヤール、ボーパ、カルベリアは家から家の門付けの放浪者で物乞いが生業とされており、それぞれ楽士、蛇つかい、踊りなどをしながら生きているのだ。これほどにさまざまな職種がインド社会のなかで存在しながら、すべてのあり方やランキングを規定しているのがカースト制なるものなのか。インド社会のなかでは、職業・職種などはどのような基準で規定されているのだろうか。

カースト制について

インドのカースト制については、ほとんどの人は中学・高校の世界史の授業で習った以上の知識はもたないだろう。試験の暗記ものとしてバラモン、クシャトリヤ、ヴァイシャ、シュードラなどのことばが頭の片隅に残っている人は、記憶力がある人である。人間を階層で分けるのはなぜなのか、その歴史的由来や現状などについては、なにかの縁でインドに特別の関心をもたないかぎり、人びとはあえて知ろうとはしないだろう。

階層的な身分区分としては、日本でも江戸時代の封建社会の階級観念に従って士農工商が確立したし、それ以前にもはるか古代、中世の時代にも賤視された人びとがいたことはある程度知られているが、その発生の経緯や賤視された理由などについては、時代が古くなればなるほど学者・研究家のフィールドにまかされている。古いといってもこうした問題が出てくるのは、せいぜい八世紀以降の奈良・平安時代以降であろうから、インドのカースト制が紀元前から発生して存在し続けてきたと聞くと、その起源の古さにことばを失うほどだ。

カーストという語は、ポルトガル人が使ったカスタ（casta）というポルトガル語に由来している。十五世紀以来インドに進出したポルトガル人は、インドの人びとの集団的身分区分を、ポルトガル語で「血統」「人種」「種類」などを意味するカスタという語を使い、それが、イギリス人によって踏襲されたらしい。

バラモン、クシャトリヤ、ヴァイシャ、シュードラの四区分は、インドではふつうヴァルナ（varna）という語で表されている。ヴァルナという語はサンスクリット語で「色」を意味するが、歴史的にはインド＝アーリア民族がインドに侵入し、色の黒い先住民族を屈服させていった過程で、色の白いアーリア人と彼らを区別するため、ヴァルナという語を使用したのがはじまりだろうといわれている。

はじめは四区分ではなく、色の白い征服者のアーリア人と、色の黒い被征服者たるほかの民族を分ける二つの区分だったのが、後にアーリア民族の内部で、僧侶階級としてのバラモン、王族・戦士階級としてのクシャトリヤ、商業・工業・農業のヴァイシャの三つに分かれていき、その下に色の黒い被征服民族で奴隷階級とされたシュードラという区分が加えられた。四区分の成立である。こうした四つの身分を区分する社会制度の原型ができあがったのが、紀元前八世紀以降の後期ヴェーダ時代だとされている。

さらに紀元前後のころになると、そのころに成立したヒンドゥー教の有名な法典『マヌ法典』は、四ヴァルナのそれぞれにたいして、神が付与した職務について記載している。そのなかで、バラモンにたいしてはヴェーダの教授、学習、布施などを付与し、クシャトリヤにたいしては人民の保護、布施、ヴェーダの学習など、ヴァイシャにたいしては家畜の保護、布施、ヴェーダの学習、商業、金貸しや耕作などを指令した。が、シュードラにたいしては、唯一の職務、以上の三ヴァルナにたいして不平なく奉仕することだけが記載されている。これによっても、上位三ヴァルナに比較してシュードラの地位が決定的に低いことは明らかである。

こうした四つの身分を区分する社会制度を、カースト制度と呼ぶことはあるが、四つの身分の区分自体は、通常ヴァルナという場合が多い。さらにインドでは、床を拭く者や洗濯人の属するコミュニティーのような、もっと小さな具体的集団をさして「生まれ」を意味するジャーティという語を使う。インド社会は多くのジャーティから成立しており、二千とも三千ともいわれる。インドの社会で生きていくうえで、大きな意味をもっているのはジャーティの別である。ボーパ、マンガニヤール、カルベリアという語はジャーティを意味しているのである。

ヴァルナとジャーティとの関係でいうと、四つのヴァルナは数多いジャーティの枠組みのようなもので、個々のジャーティは、通常四つのヴァルナのどれかに含まれるが、ヴァルナの外にはじき出されるジャーティは、アウト・カーストとか不可触民などと呼ばれるのである。

ジャーティの集団はいくつかの特性があり、内部でしか行なわれない族内結婚、特定の職業と結びつくこと、そしてジャーティの間に上下関係のランキングがあるのである。そして上下関係は浄・不浄の観念が決定的に影響しあって成立している。上位のジャーティは下位のジャーティと交わること、とくに食事をともにすることから穢れることを恐れる。すでに記述した食物の受け取り、水のやりとりなどを拒否することなどは、こうした穢れの観念のためである。

結婚・飲食・穢れ

ジャーティ集団が歴史を通じて不変のものと考えるのは誤りで、実際にはかなり流動的である。ジャーティの集団のなかでなんらかの分派が生じて、その分派が一つのジャーティを形成する。そしてこれがカーストの数の増加をもたらす。

ヒンドゥー教の観念によれば、異ヴァルナ間の結婚であっても、男性のヴァルナのほうが上位ならば、まだ許されるが、女性が上位ヴァルナで男性が下位ヴァルナの場合は、罪になるとされる。バラモンの娘とシュードラの男性の間に生まれた子は、チャンダーラというアウト・カーストに落とされる。

このチャンダーラという語はサンスクリット語で、日本にはいってきた仏典のなかでしばしば用いられ、「旃陀羅」ということばはその音写語である。十三世紀後半の辞書『塵袋』には「天竺ニ旃陀羅ト云フハ屠者也。イキ物ヲ殺シテウルエタ躰ノ悪人也」とあり、旃陀羅は屠者であって、生き物を殺して売るエタであると述べている。十三世紀の日本には、旃陀羅について賎民視する共通認識ができあがっていたことが分かる。

これまでもふれてきたが、ジャーティ間の飲食や水のやりとりは、カースト間のランキングに重要な意味をもっている。ふつうは、上位カーストの者は下位カーストの者から食物や水を受け取って食べることができない。この風習の裏には、穢れの観念が存在しており、上位カーストの者が下位カーストの者から飲食物を受け取ると、それによって下位カーストの穢れが伝わっておのれが穢れることになると考えるのである。こうした穢れの伝達（抽象的な汚染）はなんとしてもさけなければならないと考える。そして穢れの原因は多くの場合、そのカーストの職業と結びつくのである。すなわち、その職業は穢れを伴うと考えられる。この穢れという観念は、物理的な意味での穢れではなく、あくまでも観念として、宗教的浄・不浄性の問題である。物理的な意味の穢れならば、清めることは可能でも、観念的な穢れの意識は心の問題だけに深刻である。

穢れの問題は複雑で、古代社会の禁忌観念や習俗にまでさかのぼって考えなければならない大きな問題である。ただインドの社会で明らかに穢れと結びつけられているものは「血」と「死」であろう。女性の生理やお産のときの血は穢れとされるし、生理期間中の女性は料理をすることは許されない。このように生理が穢れているとなると、穢れた衣類などを扱う洗濯人は、それに触れることによって汚染されることになり、したがって洗濯人自身が穢れた存在ということになってしまう。死も穢れをもたらすとされ、そうした関係から屠殺人、皮革職人などは穢れた存在とされる。しかし、すべてのカーストが職業の浄・不浄によってランクされるわけではない。たとえば農業に従事するカーストは数多くあるわけで、これらの間のランキングは別の原理をもってこないかぎり不可能である。

アウト・カースト

さらに、アウト・カーストとバラモンとの関係においては、まったく居住する世界が異なるわけで、お互いにその通りのなかに足をふみ入れることはない。アウト・カーストが足をふみ入れることによって、あるいはその姿が眼に入ることによって、バラモン居住区の住人には大変な穢れがもたらされるとされるわけで、したがってバラモンが、逆にアウト・カーストの居住区に足をふみ入れることもまた起こりえないのである。

アウト・カーストの人たちは、先に述べたように、ヴァルナとジャーティによるカースト制度が成立していく過程で、穢れの観念と強く結びつく行為をその職業としていたり、あるいはヒンドゥーの信仰を受け入れることができなかった部族民であったりという事情のために、ヴァルナのなかに入り込めなかった人びとのことである。

アウト・カーストの人びとの人口は一九六一年の統計では六千五百万人で、総人口の一五パーセント弱に当たる。彼らは穢れとむすびつけられる伝統的職業に従事するほか、かなりの度合い（三五パーセント）で農業労働に従事しており、その意味では過去のインド社会の実体を支えてきた存在であったにもかかわらず、差別され虐げられてきた。バラモンによる非バラモンの搾取、ヴァルナをもつ者によるアウト・カーストの搾取と重層的な搾取構造があったのである。しかしながらインド憲法の起草者の一人であり、自身アウト・カーストであったアーンベトカル（一八九一〜一九五六）の存在や、アウト・カースト内部からの政治的発言力への欲求などが起こり、彼らを取り囲む環境も徐々に変化をみせてきている。

なお現在インドでは、アウト・カーストおよび不可触民という語の代わりに、公には指定カースト(Scheduled Caste)という用語が使用されているが、指定カーストという集団があるわけではなく、歴史的差別にあった各地域の不可触諸カーストを独立後、保護政策の対象として指定したのである。原則的にはヒンドゥー教徒、シク教徒について指定し、イスラム、キリスト諸教徒、仏教徒は対象外である。

またガンディーは、彼らをハリジャン（神の子）と呼び、ヒンドゥーの意識改革に取り組んだ。

三　ジプシーの祖先ジョーギーに遭遇する　タール砂漠

風と土地の匂い　インド音楽のダイナミズム

酷暑のなか、脱水症状になるのではと思うくらい汗をかき、体力は消耗したが、つぎつぎと演じられる歌や踊り、そしてさまざまな民族楽器の演奏の迫力に圧倒され続けた。DAT（デジタル・オーディオ・テープ）レコーダーによる録音は市橋さんが受け持ちで、私は資料用のビデオ撮影を担当したが、合間にスチールも撮らねばならなかった。

市橋さんは戸外録音なので、風の音や各楽器の音のバランスに苦労しているようだった。現場ではさまざまな楽器や歌の生の音は明瞭に聞き分けられるのだが、録音したものを聞くと、大太鼓や大きな音を出す楽器が鳴る場合に、同時に演奏されている比較的音量の小さな弦楽器や歌声などが聞き取りにくくなる録音技術上の問題が悩ましいのだ。

これまで長い間、じつに多彩で、民族色に富んだパフォーマンスに立ち会い、それらを生で見る機会に恵まれてきた。仕事としてではあったが、芸能者が生活している土地でふだん通りうたったり、踊ったり、楽器を演奏するのを目にすることは最高の贅沢だったし、これこそ私の特権だと密かに思ってきた。

日常の生活に生きる芸能や、祭りや結婚式・葬式などの習俗のなかに脈々と流れている音楽・歌・踊りなどには、人間の営為すべてを表現する要素がぎっしり詰まっていた。東京にいても、現在では地球上のさまざまな地域の芸能をたのしむことはできるが、それは国立劇場の舞台やなんとかホールの晴れやかな舞台で、照明を浴びながらのよそ行きのパフォーマンスに見えてしまい、どこか違和感をもってしまうのだった。その演者には晴れの舞台といえるかもしれないが、本来のものからは離れてしまっている。風土から生まれ、そこで育った芸能は、やはり劇場の舞台よりは地面がふさわしい。

この日、マンガニヤールの人びとやボーパの夫婦、そして飛び入りのカルベリアの少女たちが私に見せてくれた幾多のパフォーマンスは、迫ってくる説得力、ほかに類を見ない独自性（オリジナリティー）、衣装などはもちろん、音色の豊かさ、聞くものを異次元の世界に誘う野性の呪術性、そしてときには超絶的技巧を展開する手練の技量において、最上のものであった（インド・ラージャスターンにおける録音は、CD「ジプシーのうたを求めて〜沙漠に生きる漂泊の芸人たち」〈ビクター〉としてリリースされている）。

芸能一般の常識的な見解として、日本には古典芸能と民俗芸能という芸能的区分けがある。古典芸能は王族・貴族社会や武士社会で保護・保存され、芸術的昇華を遂げたものであり、民俗芸能は民間庶民のなかで育まれた民間芸能である。前者は洗練された芸術、後者は素朴で活力ある芸能といったイメージが存在している。

しかしながら、インドはちょっと状況が違うのではないか。もちろん古典的なものと、民俗的なものとのそれぞれの極は、きわめて対照的な様相を呈しているだろうが、両者の重なっている部分が日本などよりはるかに大きくて、相互に影響しあうダイナミズムが歴史的に続いてきたのではないか。マンガニヤールの音楽を聞いていると、古典音楽の技法が自由にとりいれられていながら、本来の民俗的色彩も濃厚に漂わせるという、稀な結合があるような気がしてならない。

インドにおいては音楽・芸能の起源は古く、その様式や技法はかなり古い時代に理論化され、しかも単なる音楽・芸能としてではなく、ヒンドゥー教と密接な関係というよりは、ヒンドゥー教の一部として存在してきたのだろう。こうした背景はふつう、音楽・芸能を画一化し、形骸化していく強い制約となってはたらく場合もあるのだが、ヒンドゥー教のブラックホール的受容性は逆に作用したのだろうか。

マンガニヤールの面白さは、彼らはイスラム教の信者でありながら、ヒンドゥーのパトロンたちに仕えて、インド・ヒンドゥーの核に迫る音楽を提供し続けてきたことである。彼らの音楽はもともと民俗的色彩をもつ存在であったのが、ラジプートたちの進入の影響やパトロンへ音楽を提供する歴史を通じて、古典的な技法も獲得していったと思われるのだ。

さらに、インドの音楽・芸能のすぐれて特徴的なことは即興性である。この演奏上の即興性は民俗音楽・芸能にとどまらず、古典音楽・芸能の世界にも重要な要素として存在している。この即興性はスリリングな興奮をもたらす。音楽上の厳しい制約性と即興性という相反する要素が並存するのが、インド音楽・芸能のキーワードかもしれない。合理的なものと非合理的なものが、対立するものとせずに、統合されるものとするのがインド的・ヒンドゥー的世界なのかもしれない。

そしてそのなかに、ヒンドゥー世界という宗教的制約を軽々と超えて、その音楽・芸能が私たちをひきつけてやまない鍵があるように思われてならない。

ホテルの特別演奏会

夕食をホテルのレストランでとっていると、昼間録音したマンガニヤールの一人が入ってきた。クトレ・カーンさんだ。彼は十六歳にして立派なミュージシャンで、デモ演奏のときから、カルタールやドーラクに冴えた切れ味のいい演奏を示し、録音にも参加してくれた。

声をかけると、「ここでいつも演奏しているんだ。これからはじめるよ。父や仲間もくるよ」と言う。まもなく四人のグループがそろったが、カーンさんの父親も入っていた。ここは彼らにとって、定期的な収入を保証されている大事な職場なのだ。それにしても、昼間も熱演しながら、夜はホテルのレストランでの演奏と、彼らはエネルギッシュだ。

やがて演奏がはじまり、数組の欧米の客も熱心に見入っていた。カメラを向けるものもいる。ここは食事の場だから、演奏もやや控えめな調子で進行している。私たちは食事が終了したので、彼らに手を振りレストランを出ようと立ち上がったが、そのときカーンさんの父が演奏中にもかかわらず私たちを手招きした。

何事かと舞台に歩み寄って聞くと、一番前の席を指差して、そこで聞いてゆけという身振りをする。仲間も笑顔でうなずいている。彼らの気持ちをありがたく思い、遠慮せずに席についた。それからは、自分たちはあなたたちのために演奏しています、という姿勢を明確にして、四人のグループは私たちの目をみつめながら、演奏を続けたのだった。カルタールのキメのところでは、四人が私たちと呼吸を合わせるように見えをきるのがなんとも心地よい。ほかの客に申し訳ないようだ。

途中、演奏の合間にもことばを交わしたが、カーンさんの父は、「鼻の具合がよくないのだがね、ボンベイの病院に行く金がないよ」とぼやいてみせた。

彼らの演奏はもちろんレストランの客のためにするものだが、ただ漫然と演奏をするよりは、だれか縁がある客人、知っている人のために特別に演奏するという場合に精彩を発揮する。聞き手との呼吸を合わせ、聞き手の感情の移ろいに気を配りながら、それを慰撫したり、同調したりしながら、自在に自分たちの演奏を操れる技術があるのだ。そうした職業音楽家として徹底的に客やパトロンに尽くす姿勢は、彼らが門付けをしながら稼ぎを続けてきた歴史のなかで培われてきたものに違いない。

さらに、彼らの芸能稼業の奥深さを再認識させられたのは、市橋さんの話だった。後日彼が芸人村を訪ねたとき、クトレ・カーンが村のなかの一角で、四歳から十二歳の子どもたちを集めてドーラクやカルタールや歌を仕込んでいる場面に遭遇したというのだ。これはまさに、今に生きている芸能の証明で、生業たる芸能の継承者への伝授が日常的な行為になっているのである。芸能が生きるための稼業として伝授されていかなければ、芸能者マンガニヤールの今後は立ち行かなくなるのである。

日本の場合のように、国家や地方自治体に保護されながら、形式的に生き延びている芸能のありかたとは根本的に違うのである。

その夜は疲れもあり、十一時には就寝したが、深夜のスコールの激しさは目を覚まさせるほどのものだった。

砂漠の芸人村に入る

今日からバラニさんとタール砂漠に点在する村々を訪ねることになり、朝早くから出かける。この地方は昼の暑さは強烈なので、気温が上がらない午前中の早い時間に、一仕事を済ませるのは合理的なことで、人びとの朝は早い。昨晩のスコールの影響で道には水溜りがところどころ目立っているが、これもほんの数時間のことで、太陽が上空で輝きを増すにつれてみるみる乾いていく。道を挟む広大なブッシュまじりの砂漠の土も、湯気をあげている。

バラニさんと、地球上の砂漠化が問題になっている話題になり、

「中国でも西北部の砂漠化は深刻で、日本にも毎年黄砂がとんでくるのですが、年ごとに黄砂の量が増えて、ひどいときははっきり空が曇るほどですよ」

と言うと、バラニさんは砂漠を指差して、

「砂漠は毎年動いているのです」

と一言。土地を知りつくした人間にしか言えないことばだ。砂漠化現象ということばは、意味を伝えるだけの、味気ない語感を伴うが、「砂漠は動いている」という表現は端的で力強く、詩のようだった。

最初に訪ねたのは、ジャイサルメールから一時間ほどの、ムール・サガルという村だった。ここには笛の名人がいるという。名人アルゴザさんの家は石塀に囲まれた、わりあい裕福そうな農家だった。突然の訪問にも驚くふうでもなく、私たちに二本の笛を同時に吹くダブルフルートの妙技とモールチャング（口琴）を見せてくれたが、そのほかには特別目立つ芸能者はいないとのことだったので、次

の村を目ざすことにした。

さらに一時間ほどパキスタン国境のほうに行ったところに、カノイ村はあった。バラニさんが先に立って村のなかに入り、村人の一人に用件を告げると、まもなく年配の男性が現れた。彼はわれわれを村の入り口付近の広場に案内した。そこには「カラーカール・マンチ（Kalakar Manch＝アーチストの舞台）と銘打った演奏場があった。音楽・芸能の盛んな村だと分かる。ただ屋根を四隅の柱が支えるだけで、正面以外は壁もなく、村じゅうから見渡せる簡素なつくりの舞台だが、村の集会などにも利用されるのだろう。

年配の男性、サダク・カーンさん（六十七歳）は、サーランギという擦弦楽器を持ってきたが、見るからにそうとう古く、音を発するのかどうか心配になってくるような代物だ。サーランギは複雑な楽器で、最近は演奏するものも少なくなっているそうで、カノイ村でもサダク・カーンさんが唯一の奏者だという。

カーンさんは、「昔はスールマンダルという楽器も演奏していたが、売ってしまったよ」と言う。われわれとカーンさんが話しているのは、村じゅうから見通しのきく舞台上なので、何事が起きているのかと村びとたちの好奇心を呼んで、集会場は村の人びとでいっぱいになってしまった。

この村は約二十家族からなるマンガニヤールが中心の村であった。かつてはパトロンの家などに仕えて、冠婚葬祭などに楽士をつとめ、報酬を得ながら生活していたが、現在ではふだんは雑穀を中心にした農業と、ヤギや牛などの牧畜をしており、求めに応じて演奏活動をしているという。

演奏を聞きたいという希望を述べると、今、村で一番の歌い手が畑仕事に出かけているので呼びに行ったと言いながらも、ハルモニヤム、ドーラク、カルタールなどを手にした演者たちが集まってきた。彼らの腕前がどの程度なのか、どのような傾向の音楽かを理解するためには、代表的な彼らのレパートリーを数曲は聞きたい。そのうえで録音させてもらおうと思った。

最初に聞いたのは、ジャイサルメールのマハラジャを讃える歌だった。文句なしにうまかった。完璧にプロフェッショナルの技だった。サーランギ、ハルモニヤム、ドーラク、カルタールが自由自在に鳴りながら、一体化していた。カラーカール・コロニーのマンガニヤールとは一味違う傾向をもちながら、絶妙なアンサンブルのよさは、このカノイ村の濃厚な結束を感じさせるものがあった。

古代の響き　ジョーギーの女たちか？

二曲目を聞き終わったとき、バラニさんが入り口のほうを指差して突然声をあげた。何事かと見ると、五十メートルほど離れた民家の軒先に若い四人の女が立っている。どうも村のものではないようだ。バラニさんの声はなぜか弾んでいる。呼ばれた女たちは、臆するふうもなく、むしろ喜んで来るという感じで演奏場に近づいてきた。

だが女たちは舞台の上にはあがろうとせず、腰を下ろし、縁に手を置いてバラニさんのほうを見た。その姿勢はいかにもバラニさんの指示を待っているふうだった。バラニさんがなにか言ったのが終わるか終わらないかのうちに、女たちはうたいはじめていた。一人が音頭をとりながら、ほかの三人がそれに続く。私はまずなによりも彼女らの声に驚いた。砂漠の黄砂にさらされた喉から発する歌は、腹から絞り出すような地声発声で、ざらざらした風合いが野太さを生み、高音は張りがあり、力に満ちている。単なる歌ではなく、古代的な響きをたたえた呪文のように聞こえたり、シャーマンの行のようにも聞こえたりするのだ。

私は「これはなんなのか?」と心のなかでつぶやきながら、茫然としていたが、彼女たちの歌は二曲だけで終わり、カノイ村の楽士たちの演奏に移っていった。

カノイ村では全部で七曲ほど聞かせてもらったが、ここのマンガニヤールの人びとが持つ音楽的レヴェルの高さに感服して、午後改めて録音させてもらうことになった。

ジョーギーの集団に遭遇

朝から説得力のある演奏を聞き続けて気持ちは高揚していたが、余韻にひたる間もなく、バラニさんから耳よりな話があった。

「先ほどうたってくれた四人の女たちにいろいろ尋ねていたら、ひとりの女の夫は蛇つかいだというのですよ。しかも彼はここから近くの仮のテントにいるらしい。会いに行きませんか」

「ということは、彼女たちはジョーギーなのですか。つまり彼女たちはこの村に門付けに来ていたのですか」

と尋ねると、バラニさんはそうだとうなずき、これから出会う光景に確信ありげだった。

カノイ村から、あまり離れていない砂漠のかなたから、ゆらゆらゆらめきながら蜃気楼のようにジョーギーの群れが見えてきたときは胸騒ぎをおぼえた。灼熱の砂漠にも小さなブッシュはあるのだが、なぜかジョーギーたちは小さなブッシュ以外なにも生えていない、まっさらな砂地で太陽をもろに浴

ジョーギーのテント

びている。三十メートル四方に、木の枝を曲げてつくったかまぼこ状のテントが数個点在している。屋根には布が無造作にかけられている。テントのなかに竹のパイプ製の簡易ベッドをおいてある。大人二人でいっぱいになる狭さだ。四十度ははるかに超えていると思われるなか、赤子や犬がベッドの上で寝ている。犬はわれわれを見ても吠えない。しつけがいい。

鶏たちは太陽の日差しをさけるように、ベッドの下に入り込んでいる。簡単な竈がつくられてあり、壷や深い鍋が無造作に並んでいる。いかにも漂泊生活の一時的停泊地の簡素さである。

私は猛烈な暑さに加えて、砂地の地面から発する輻射熱と照り返しに頭がくらくらした。さすがのバラニさんもハンカチを頭にのせている。身の危険を感じる暑さをはじめて体験した。

先ほどカノイ村でうたってくれた女たちと、蛇つかいの男や子どもたちがまわりに集まった。この小集団は五家族あわせて十数人だという。

「いつからここに逗留しているのですか」と聞くと、ジョーギーの男は、「ここカノイ村の近くに来てからは三か月ほどたっています」と言う。

「どうしてこのような猛暑のなかなのに、ブッシュなどの遮蔽物があるところに仮テントを張らないのですか、そのほうがいくらか陰ができて涼しいと思うのだが」

「昔からずっとこうしてきました。あえて周囲になにもない、陽の当たる地点を選んでテントを張ります。そのほうが体にいいと信じているし、物陰や木陰は蛇やさそりなどが潜んでいるのでかえって危険です」

とジョーギー独特のライフスタイルを話してくれる。

「水なども冷たいままでは飲まずに、水瓶を日なたにおいて、お湯になってから飲むようにしているのです。こうした生活が体の抵抗力をつけてくれると信じています」

「今までインドで見かける犬は、なんとなくみすぼらしく痩せているという先入観にとらわれていましたが、ここの犬は精悍で体にもつやがあるのがとても印象的です。なぜですか」

と尋ねると、

「移動するときは必ず犬とにわとりを連れていきます。私たちは犬をとても大切にしており、食物にも気を使っていますよ。犬は家畜を守ってくれるし、番犬でもあるので安心できるのです」

と答えた。とにかくここの犬は手足が長く、筋肉質の引き締まった体をしており、短い毛並みがつやつやと優雅でさえある。テントのなかのベッドで幼児と並んで寝ているのを見ても、犬がいかに大切に扱われているのかがわかる。

「これからの予定はあるのですか」

「今は暑すぎて、観光客はそれほど多くありません。でも十月になれば涼しくなり、観光客もぐっと増えますから、それまでここに滞在する予定です。この先五キロのところにあるサム砂丘に来る旅行客を相手に稼ぎます。女たちはカノイ村などで商売（門付け）をして稼ぎます。次の予定地はダモダーラです。移動はらくだを借りて、荷車で動くのです」

と子どもをあやしながら答えてくれた。

「生まれたのはどこですか」との問いに、「出身はジャイサルメールですが、住まいはありません」

とさらりと答えた。

人類誕生時からの発声

質問に答えてくれたのは、ルク・ナート・ジョーギーさん（二十五歳）という、蛇つかいの男だった。年よりは老けて見える彼は、答える間もプーンギーを離さない。彼はプーンギーをビーンと呼んでいたが、ひょうたんの胴体には二本の管がつけてあり、一本は演奏用、もう一本は通奏低音が鳴る仕掛けになっている吹奏楽器で、蛇つかいの笛として有名である。

さっそくビーンから聞かせてもらうことにした。黄色いターバンを巻いた男は座ってあぐらをかいて吹きはじめた。ビーンの音は派手な音色で、独特のメロディーが絶えず通奏低音に支えられながら、勢いよく鳴り続けた。このように演奏中にずっと通奏低音が鳴りっぱなしで途切れないのは、両頬を鞴《ふいご》のようにふくらませながら鼻で呼吸し、息継ぎなしで吹いているためだ。ビーンに蛇はつきものだが、最近は動物愛護とかで官憲の規制がうるさく、蛇は持たないという。

次いで話を聞きながら、女たちの歌を録音させてもらった。女たちはアシ、マルワ、マンキ、デリーという名の二十歳前の妻たちであったが、彼女たちも年にしては老けて見えるのは、自然条件の厳しさや、過酷な生活状況などの影響からくるのだろうか。おそらく、子どもたちの年格好からみても、十代前半で結婚したと思えるが、それも関係するのだろうか。右鼻の穴の脇に一センチほどの銀の飾りをつけているものもいる。四人の女たちは腰を下ろしてうたいはじめた。そのうち二人は、幼子をひざの間に置きながらうたった。

最初の曲は「カムリー」という、村の娘の名前をそのまま使ったコメディー・ソングだった。次いで、「モールー・バーイー」という、この地域では有名な曲でつぎのような内容だ。

ビーン伴奏でうたう女たち

私はラージャスターン州の南のほうから嫁いできた。そこは自然の豊かなところだったが、ここは砂があるばかりで、よい髪油もないところ。でも心配している故郷の両親に伝えてほしいのです。私は自然が豊かなとてもよい土地に住んでいて、幸せに暮らしているということを。

砂漠の地に嫁いできた娘モールー・バーイーが、親を心配させないように、伝言を旅の者に託す形式でうたわれた内容だった。この曲にはビーン伴奏がついた。

三曲目は「ククラー」というラブ・ソングで、ククラー（チキンの一種）であなたをもてなしますので、その前に帰らないでくださいといった内容だった。四曲目は「ジェーダル」という、兄と妹との愛をテーマにしたもので、古くから伝わる曲だった。

いずれの曲もメロディーラインが自然で、宗教的な伝統や呪縛から解放されており、洗練された音楽性といった文明の手垢とも無縁なものだった。素直に、彼女たちの歌は、人類が誕生時から保持している発声法を偲ばせてくれるものがあり、歌というものの基本的な輪郭を浮かび上がらせるものだった。

歌が終わったあとに二人の女性が踊った。オレンジ色とピンク色の衣装の二人がビーンに合わせ、両手を挙げてゆっくり回転をくりかえす。オレンジ色の女性はすっぽり頭に布をかぶせ、顔はまったく見えなかった。この踊りも回転が基本だった。

ジプシーの祖先に出会った

前にもふれたが、インドの音楽・芸能には「古典と民俗」、「中央と周縁」、「正統と異端」という対照的なカテゴリーが画然と分離しないで、クロスする境界のゾーンが広いのが大きな特徴だが、ジョーギーの歌は境界ではなく、極地そのものだ。彼女たちの歌には、インド大陸に綿々と伝わってきた「民俗的なもの」「周縁的なもの」「異端的なもの」の極地が宿っている。

彼らの仮のテント小屋には家具類などはほとんどなく、数点の衣装といつも身につけている装飾類だけが財産といいえるだけの、簡潔きわまりない生活ぶりだが、長年、伝統的にとられてきた漂泊・遍歴の歴史のなかでは、定住者の文化との出会いは限られたものであり、影響されることが少なかったと想像できるのだ。門付けによる物乞いや蛇つかいをしながら、放浪・遍歴するテリトリーが砂漠であったということが、彼らの歌のあり方まで含めて、習俗自体を変化させずにきたと思われる。

私は、求めてきたジプシー民族の祖先に出会えたと思った。ラージャスターン州のタール砂漠を今も漂泊・遍歴する生活を続けながら、門付け芸で生きる糧を稼ぐという生活習俗、土地を所有せず、家財類も持たない身軽さ、小集団を構成する家族、早婚、そしてなによりも彼女たちの歌から伝わってくるものから、ヨーロッパへ移動していったジプシーの祖先のひとつは、ジョーギーであると確信した。

もちろん、ジョーギーだけが祖先ではあるまい。ほかのさまざまな職能集団が長年の間に移動をくりかえしていったことだろう。芸能はもとより籠づくり、金属細工、木工細工などの多様な手工業や、その他蹄鉄、鍛冶、砂金採り、熊つかい、占いなどの生業に携わる集団が、移動を重ねていったのだろう。

どのような理由や事情からであろうと、数百年にわたり、インドから漂泊放浪の旅を続けながら西へ移動していった人びとには、定住生活者にはみられない独自の価値観や人生観が生まれていっただろう。

それは、本来保持していた価値観に、さらに加わるかたちでなされていったと思われる。彼らが土地を所有しないということは、漂泊の民としては当然の生きかたであるとはいえ、このことは彼らの本質を規定する重要な属性である。定住の文化がほとんど農耕生活から派生し、そこから階層分化が起こり、立身出世などという生きかたがでてくる世界とは無縁な世界観のなかに、ジプシーは生きていくのである。社会経済的変動が起こり、大量の賃金労働者が生み出されるようになっても、彼らはそうした生きかたを徹底的に拒否していくのである。

灼熱の砂漠で目にした原風景ともいうべき光景は、私たちが古くから身につけてきた常識という価値観からは理解不可能な、別の価値観で貫かれていた生活だった。それは定住者の側からの視点の論理ではなく、非定住者側からの視点の論理で貫かれていたものだった。それは余計なものがない、ただ人間が生きるという原型がくっきり浮かび上がる光景だった。

民族の音感覚

ジョーギーの女たちの歌を耳にしてから、私はかつて、彼女たちの声から感じたものと共通する印象を受けた体験を思い起こした。それは一九九三年、中国雲南省西北部の怒江流域、海抜三千メートルの高地に居住する、チベット系の少数民族ヌー族を訪ねたときの体験だった。

私はラムトゥン村とトクパ村という二つの村を訪ねたが、ラムトゥン村は戸数二百戸弱、人口千人弱、トクパ村は戸数六十戸、人口三百人程度の規模だった。ヌー族の伝統的な歌や踊りを目ざして村に入ったのだが、いろいろ聞いているうちに、この二つの村にはキリスト教が入っており、村民の八〇パーセントがキリスト教を信仰していることが分かったのである。十九世紀末にカナダ人宣教師が入り、布教した結果らしい。

その上私を驚かせたのは、八〇パーセントの村びとがキリスト教を信じる村にもシャーマンがいたことであった。このシャーマンは情歌などをうたう芸能巧者であり、また現実に呪術を使って病気治療の儀式も行なっていたのである。ちなみに藪医者ということばがあるが、これは当て字で、藪の本来の語は野巫である。野巫は在野のシャーマンで、祈祷で治療する人の意味であり、シャーマンが治療をする行為は野巫医者が治療をするという、本来の仕事なのである。

キリストに改宗した村びとが、シャーマニズムといかなる距離感を保っていたかは、実相はうかがい知れぬところだったが、老シャーマンが二〇パーセントの非キリスト信者を超えて支持されていることは明らかだった。

私はシャーマニズムとキリスト教が並存する村のありようを記録したいと思い、病気治療の儀式とキリスト教会での賛美歌を撮影した。教会は怒江を見下ろす斜面の一角を切り開いた広場に建てられ、太い材木を椅子代わりにしている素朴なつくりだった。そこでうたわれた賛美歌は聞きなれたものもあったが、女性が多くを占めた二十名ほどの人びとの発声は、野性味たっぷりの地声で、ブルガリアン・ヴォイスやグルジアの合唱を連想させるほどだった。キリスト教賛美歌の敬虔な雰囲気よりも、土俗的な匂いを強く感じる歌であった。彼らのなかには、民族的音感覚が奥深く肉体化されており、賛美歌をうたおうが情歌をうたおうが関係なく、遠い記憶の音が噴出してくるように思われた。

ジョーギーの女たちの歌を聞いて、ヌー族の賛美歌を連想したことは、ともに近代の音楽的装飾と縁のない民族がもつ音感覚を強く感じたからであろう。この感覚はさらに、美空ひばりの歌、なかでも彼女がうたったジャズからも引き出されてくる。彼女のジャズは不思議な思いを起こし、見事な歌唱力を超えて聞こえてくるのは、ジャズというより、ひばりジャズとでもいうべきもので、日本古層の歌謡性をなによりも強く示唆してくるのである。

ジョーギーの歌には、人がうたうことの意味を、ヌー族や美空ひばりの歌のありかたまでにも及んで考えさせるものがある。

唸る超絶技巧

ジョーギーの宿営地から引き上げてくる途中で、カノイ村の楽士たちに出会った。村のなかでなく、演奏するのに適当な場所があるというのでやってきたのだった。その場所は砂漠のなかの小さなオアシスで、繁茂した樹木と水たまりの池が目に染み入るようだった。

ジョーギーの人たちから受けた強い印象がまだ生々しく残っている私に、さらにたたみかけるように、マンガニヤールの演奏が開始された。市橋さんもあまりの暑さに、首にタオルをかけたままDATレコーダーの前に座り込んで、操作している。

ここでは六曲を録音したが、いずれも天馬空を行くような名演だった。

最初は、遊行の聖者ラール・シャーバース・カランダルを讃える歌「ダマーダム・マスト・カランダル」という曲で、ヌスラット・ファテ・アリ・カーンなどのカッワーリ歌手がレパートリーにしたので、日本でも有名になった曲だ。

カッワーリとは、北インドやパキスタンで盛んな宗教歌謡で、中世アラビア世界の説教師「カッワール」たちの神秘的メッセージが、伝道者たちによってインド亜大陸に伝えられ、土着の音楽と融合し、イスラム的要素とインドの要素を併せもつ「カッワーリ」となったものである。アリ・カーンは、来日もしているカッワーリ歌手の代表的存在だったが、夭逝している。

聖者の名にあるカランダルということばは、頭を剃髪して、ひげをたくわえたイスラム教の聖者を指すと同時に、北インドでは熊づかいや猿回しなどの、動物を調教する職業集団の名前であるのが興味深い。

この曲には向かって左からカルタール、二人のボーカルが並び、右の人はハルモニヤムも担当、サーランギはカーン爺さん、そして一番右端が太鼓のドーラクが入る編成だった。楽士たちのターバンの色は赤、モスグリーン、白、オレンジとそれぞれだが、衣装は白一色である。

曲はボーカルの祈りのような調子からゆったりはじまり、まもなくハルモニヤムやカルタールが加わって、規則正しい拍子を刻んでいく。それに細かいこぶしで震えるような節回しが、からむようにダブっていく。テンポは緩急をくりかえしながらやがて全体的に加速されていく。カルタール奏者は立てひざになり、いまにも立ち上がるかと思うと、体を地面に伏せるようにねじり、その動きは激しさを増してくる。ボーカルも空に向かって両手を突き上げながら、メンバーの動きに呼応する。合奏はいつの間にか唸りをあげるようなドライブ感あふれる超絶技巧へと変貌していき、熱狂と敬虔が変幻自在に交差し、私を眩惑し、翻弄した。やがて、たゆたうようなやすらかな世界が現出して終わりを迎えた。

カッワーリの本場といわれるパキスタンでは、神秘的なメッセージに加えて、強烈な音楽的感動によって、聴衆のなかにはトランス状態に陥る人が出るほどである。

演奏中に、遠景に三人の男たちが池のなかを胸まで入りながら、水をバケツで汲み出している姿が小さく見えていたが、その光景が幻影に思えたほどだった。

マンガニヤールの音楽が宗教的素材を扱いながら、宗教的な陶酔を超えて白熱のドライブ感、疾走感を生み出すのは、前にもふれたように古典的音楽技能と民俗芸能的要素が影響しあい、それに即興性が大胆に加わってきたインド音楽独特の歴史的変遷によるものとしか思えない。演奏の途中にスコールの到来を告げる雷が鳴ったが、そのまま録音を続行した。彼らの音楽には、むしろこうした自然の音こそふさわしいと思えたからだった。

二曲目は、北インドの原初的スタイルを残している「ダルバーリー・バワン」という曲であった。この意味は、宮廷あるいは王家という意味で、この曲もジャイサルメールのマハラジャの祖先を、名をあげながら讃える曲だった。マンガニヤールの職能をあらわす曲だ。途中、「ジャイサル・ラージャー（ジャイサルの王よ）」ということばが聞こえるが、一一五六年に城砦を築き、ジャイサルメールを創建した初代の王のことを讃えているのだった。メンバー構成は同じだった。

そのほかサーランギの独奏、ハルモニヤムを伴奏にしてドーラクとカルタールのかけ合いなどを録音して、カノイ村の訪問は終了した。

カノイ村のマンガニヤールは、ジャイサルメールに来て最初に会ったマンガニヤールの楽士たちとは少し違った雰囲気があり、音楽的な傾向も微妙に違っているのは、彼らマンガニヤールたちの奥の深さを感じさせるものだった。

とにかく古典的なものと、民俗的なものを併せて肉体化している音楽性や、イスラム教を信奉しながらヒンドゥーのパトロンに仕えて、彼らの歓心を買うというしたたかさ、柔軟性のある融通無碍な生き方は、ジプシーの生き方に通じるものを強く示唆するのだった。

ジョーギーとは　ヨーガ行者、火葬場のジョーギー

ジョーギーとの出会いは、幸運としか言いようのないものだった。バラニさんが私たちの関心のありかを熟知していてくれたおかげであった。単なる民俗芸能・民族音楽の視点からでは抜け落ちても不思議ではない存在であるジョーギーの女たちを、カノイ村の入り口で見つけてくれなかったら、その後の漂泊・遍歴の集団の探索はより困難に見舞われるか、失敗に終わっただろう。

これまでもジョーギーについてふれてきたが、「インドの人びと――ラージャスターン」によれば、ジョーギーはジョーギー・カニーパ（Jogi Kanipa）とある。ジョーギーは放浪するコミュニティーで、乞食や石臼つくりをしている。隣接するコミュニティーの人びとは、彼らをカルベリアと呼んでいる。彼らに伝わる伝承は次のようなものである。

神が人間とカーストを創造したとき、彼らは一片の石を与えられ、食物の材料を砕く砥石をつくるよう依頼された。それ以来ジョーギー・カニーパとして知られている。彼らはヴァルナのランクが低いことは認めているが、少数民族の部族よりは上だと主張している。しかしながら、上位のカーストはもちろん、部族の人びとも、自分たちよりもジョーギーを下位においている。石臼つくりや漆喰づくりは現在でもしているものもいる。

女たちは歌や踊りで門付けをすることによって家計を助けている。土地を持たない。

だいたい以上のような内容であるが、カルベリアについての内容と重なる部分が多いのは、ほとん

ど実体は同じであると考えられるからだ。

ジョーギーについてのさまざまな情報、そして市橋さんの意見を総合してみると、そもそもジョーギーということばは、ヨーガ行者、行者などからきており、シヴァ神を信仰する一宗派の人びとを指し、ナート派とも呼ばれる。ラージャスターン州にはこの派に属するとみられる多くの集団があるが、その主なものには以下のグループがみとめられる。

一つは、純粋に宗教的な行として乞食をしているヨーガ苦行僧で、赤黄色の服を着ており、ジョーギーのなかでは尊敬される人とみなされている。二つめは、ジョーギー・カルベリアなどのように蛇を捕獲し、蛇やさそりに呪文をかける蛇つかいを仕事としながら、門付けや石臼に関する仕事も行なう集団。三つめは予言・魔よけ・占い・野巫医者・詐欺師などの雑多な漂泊者たち。さらにはマサーニヤーという集団は、棺を火葬場から持ってくる役割をもつところから、「マサーニヤー」すなわち「火葬場のジョーギー」と呼ばれている。こうした人びとをジョーギーと呼んでいるようだ。

体調不調でダウン

ジャイサルメールに着いた途端に、目まぐるしい展開が続き、半ば興奮状態で飛び回っていたが、体が環境の急激な変化についていけなくなったようだ。朝からカノイ村のマンガニヤールに出会い、思いもよらないジョーギーのテント村との遭遇、そしてマンガニヤールの白熱の演奏と高揚した気分のまま、一心にビデオを回したり、スチール写真を写したりと、日本にいるときとは違った動きが多すぎたようだ。

ふだんはビデオを撮るときはあっても、スナップなどのように短いカットがほとんどだったので、今回のような十分を超える長回しを何回も続けることは疲れる作業だった。なにしろ市橋さんとの二人旅なので、今日のように大勢のパフォーマンスを記録するときは、完全に人手不足になる。話を聞きながらメモをとり、写真やビデオを撮ったりするが、写真などは、その場の雰囲気や状況をはかりながら、許可を得たほうがいいかを判断するのだが、意外に神経を使うのである。ビデオや写真を無神経に使ったために、訪ねた先の人びとの怒りを買い、トラブルを生じた例は多い。写真などを否定する文化もあるのである。

会社という組織に属しながらの撮影や録音や取材の仕事は、それぞれのパートにプロがおり、全体のバランスをうまく保つ舵取りが私の主な役割だったが、フリーの立場になると、すべてを自分でやるという立場だ。このようなフリーの立場への変化はそれなりに思いが隅々まで行き届いて、また別のおもしろさの発見がある。

遅い昼食を町中のレストランで済ませて、ホテルの部屋に戻ったころから疲れを感じるようになり、一時間ほど睡眠を取ったが疲れがとれない。先がある旅なので無理するとあとまで響くと思い、思いきって午後を休息に当てることにした。

だがその夜遅くから下痢症状が起こり、朝まで治らない。水は注意していたし、食物で思い当たるふしがない。仕事がら各地を回るが下痢で悩んだことはあまりない。いろいろこの日の行動を思い出して原因を探ってみて、次のような推論になった。

朝から灼熱の砂漠地帯を移動したが、脱水状態になるのを警戒して、ミネラルウォーターで逐一水分補給していた。ただ、ジョーギーのテント村では、時間的にも気温が最高に上がったし、遮蔽物がいっさいない砂漠の真んなかだったので、少し体を動かすたびに汗が異常に出ていた。この状態は、カノイ村のマンガニヤールにビデオカメラを向けているときも、汗が目に入ってきて困るほどだった。体が火照っているような感じのまま、遅い昼食で、ついつい冷たいビールを一気に飲んでしまった。そしてカレー。胃腸が驚き、ストライキを起こした。

日本から持参した薬を飲む。ふつうならば効くはずなのに、まったく効かない。市橋さんがマンゴーやバナナ、ヨーグルトを運んでくれるが、食べたそばからむなしくすぐ出てしまう。そこで、インドの薬のほうが効くのではないかと、市橋さんが薬を買いに出かけ、まもなく戻ってきた。症状を話したら、二種類の丸薬をくれたという。そして結果的にはこれが劇的に効いてくれたのだった。薬学的な理由は分からないが、インドの下痢にはインドの薬が相性がいいということなのだろう。

城砦のなか

ジャイサルメールに滞在していながら、観光スポットはどこにも行かずに、周辺の村巡りをしていたので、外観しか知らない城砦に出かけた。城砦のなかの見学である。入り口付近はみやげ物店が立ち並び、観光客に声をかけながら、笛や杖などを売っている。路上で飾り物や絵葉書類を売り歩いている売り子も多い。

目立つ私たちは格好のターゲットになり、わざと無関心を装ってすり抜けていこうとしたら、声をかけながら近づいてくる男たちがいる。芸人村のマンガニヤールの楽士たちだった。皆、笑顔で親しげに回りに集まってくる。この城砦近辺は彼らにとっては大事な営業の場なのである。おもに欧米、とくにドイツやイタリアなどヨーロッパの観光客相手に演奏をし、稼ぐのだ。

ボーパの夫婦も、上り坂の脇で客待ちをしていたが、われわれに気づきあいさつを返してきた。とにかく彼らマンガニヤールの楽士たちも、ボーパの夫婦も、観光客に向かっては、商売に徹してお金を稼ぐ芸能に徹しているわけである。

城砦のなかは、迷路のような細い石の路が張り巡らされ、小商店が立ち並ぶ一画があらわれるかと思えば、角を曲がれば石づくりの民家が軒を連ねるといった具合に、つぎつぎに姿を変える光景は飽きることがなかった。

城壁の縁からジャイサルメールの風景を俯瞰で見たくなり、迷路のなかを進んでいったら、民家の裏の石庭に出た。庭の階段にはその家の男の子がにこやかに座っており、観光客の出現には慣れているらしく、どうぞという顔でうなずいてくれた。縁から眺めるジャイサルメールの市街風景は、到着したときと同じくぼんやり霞んでいた。真下を見下ろすと、大きな樹木のある家の脇で、一人の少年が、横たわった大木から薪をつくるべく、斧を一心不乱に振り下ろしていた。

定住したジョーギー

ジョーギーのことをもっと知りたくなって、いろいろな人に聞いてまわった結果、濃淡合わせた種々の情報が九件ほど集まったが、どの程度信憑性があるかは定かではなかった。いずれもジョーギーの村の所在地についての情報であった。バラニさんともそれらの情報を検討して、明らかに信用できないものなどをはぶいていき、最後に残った三か所を翌日訪ねることになった。

三か所の場所が特定されていることから容易に想像されたことだが、訪ねたのは三つの村に定住しているジョーギーの人びとだった。彼らはいずれも、かつては遍歴・漂泊の生活をしていたのだが、さまざまな理由で定住するようになったと想像される。

最初に訪ねたのは、キシャン・ガートという村だった。会ったのはダム・ナートさん（六十歳）と、その妻のダーカさん（五十八歳）夫妻だった。彼らはカルベリア・ジョーギーであると自称し、代々、石臼職人だったという。前に触れたカルベリアの説明のなかに、カルベリア・メワーラーが石臼つくりをしていることを述べたが、このケースが該当する。

ナートさんは、「ほぼ十五年前に放浪生活に終止符を打ったよ。それまではジャイサルメールの周辺を移動していた。息子たちが小作農として出稼ぎで稼いでいるので、今は石臼はやっていない」と言う。家族構成を聞くと、

「息子は三十歳、二十四歳、二十歳、八歳の四人、娘は四十歳、三十八歳、三十六歳、三十三歳の計八人の子どもがいるが、娘たちは好きな先へ嫁に行った。息子四人のうち三人は結婚しており、二組の息子夫婦が小作農をしているのさ。昔、男と女は結婚する前に一緒に暮らす習慣があったが、今はなくなっているよ。定住はしても生活は苦しいので、村の女たちは門付けに出かけて、チャパティ（パン）や野菜や古着などをもらってくる」

などと話してくれた。周りに集まってきた数人の女性に二曲歌をうたってもらったが、そのうちの一曲は、仮テントのジョーギーの女性たちがうたってくれた「モールー・バーイー」だった。だが歌

の訴求力が、定住、非定住という生活スタイルに影響を受けるかどうかは分からないが、テント生活のジョーギーの圧倒的な迫力には遠く及ばなかった。

ナートさんが定着した一番の理由は、戸籍上の特典やメリットを得たいがためであったという。政府もジョーギーたちに土地を与えて定住を促進しようとしている。一九七四〜七五年に定住化政策がとられ、失敗に終わったことはすでに説明しているが、この村を見ても、成功しているとは思えなかった。村全体としての活気が乏しく、人びとの顔に生気がないのが一番気になるところだった。羽をもがれた鳥のようだ。

テントのジョーギーたちの、精悍で生気に満ちていた表情となんと対照的なことか。貧困には変わりはないが、定住生活をはじめたジョーギーの人たちには、生きている実感のようなものがもてないのではないか。

民俗博物館に展示されている
ジョーギーの人形

放浪・遍歴の人びとを、近代国家の論理で定住生活に強制することの困難さは、ヨーロッパのジプシーにたいする各国の定住化政策が困難に面している問題に共通するものがある。財産・富としての土地を所有する観念を本来的にもたない非定住者の伝統からみれば、土地本位制から派生する定住民側のさまざまな論理や価値観・倫理観は理解できないものである。定住者の側からの視点で非定住者の世界を眺めているかぎり、そして放浪・遍歴の生活を文化として捉え、それを尊重する視点をもたないかぎり、問題解決の鍵はないのではないか。

次いで訪ねたのは、ダルバリという村だったが、長老が不在だったので空振りに終わった。ただ、典型的なジョーギーの髪型をした女性に会えたことは収穫だった。ジャイサルメールの民俗博物館で展示してあった、ジョーギーの人形そのもののスタイルだった。また、ここの犬も精悍で力強い感じで、ふつう、町中で見かけるみすぼらしさは微塵もなかった。

三つめはブーという村で、長老はジェイ・ラム・ナートさんという白髪の老人だった。老人は、

「この村は十二の家族で成り立っています。定住生活をはじめたのは二十年前からで、それまでは蛇つかいが稼業だったのです。今は畑仕事などに移っています。定住してからは、出産のときなどは、政府の巡回医療が来てくれるようになったので、これは便利になったところです。蛇は政府がやかましいので今は持っていません」

などと語った。プーンギーのできる人は畑に行っているので、呼びに行ってくれることになった。その合間に、五、六人の女性たちに歌をうたってもらったが、やはりふつうの歌だった。やがて畑から連れてこられた男がきて、プーンギーを吹いて鳴らそうとするが、楽器が壊れていて音が出ない。ふだん、吹かれていない証左だった。

ヒッチハイクの蛇つかい

私たちが遭遇したテントのジョーギーは、今や、このラージャスターンのタール砂漠でも遍歴・門

付けの民として稀な存在だったということが、定住しているジョーギーの村々を訪ねるなかで確認できたのだった。

そうなると、もう一度ジョーギーのテントを訪ねてみたいという思いが強くなり、カノイ村の方向に向かって車を走らせた。途中、一人の男がヒッチハイクしているのか、手をあげて私たちに合図を送ってきた。この暑さのなかを歩くのは大変だろうと気の毒になり、男を乗せていくことにしたが、不思議というか、縁があるというのか、この男は蛇つかいのプーンギー吹きだったのだ。彼はこの先にあるサム砂丘で、観光客相手に稼ぎに行く途中だったのだ。私はこの偶然の僥倖に喜び、当然、彼にはプーンギーの演奏を依頼したのであった。

彼、ミスリー・ナートさん（五十五歳）はカーバーという村の出身で、つい一か月前まで蛇を持っていたという。彼は道から外れた樹木の陰で、メヘンディーという、蛇を踊らせる曲など数曲と蛇つかいの呪文をとなえてくれた。この呪文（マントラ）は蛇を捕獲する際、噛まれないように手なずけるための呪文で、

「私の言うことを聞いてこちらへ来なさい。さもないとモハメダン・ビール（聖者）に噛まれるぞ」

と蛇に向かってかけるのである。

ジョーギー・テント再訪

ジャイサルメールに着いてまもなく、偶然にジョーギーに遭遇したこともあり、放浪しているジョーギーに出会うことがいかに困難で、偶然性に頼らざるを得ないことか、しかも確率のとても低いこと

であるかは、出会ったときは理解できなかった。

その後、ほかのジョーギーの所在を探して、やっと会えたにしてもほとんどが定住しており、本来もっていたであろうエネルギーを奪われ、精気のない表情を見ていると、彼らの定住生活が決してうまくはいっていないことが窺われるのだった。それに比べて、仮テントのジョーギーたちの精気ある表情や野性的なまなざしが、とても貴重なものに思えてくるのだった。

訪れた私たちをジョーギーの人たちはこころよく迎えてくれた。相変わらずフライパンの上にのっているような酷い暑さだったが、彼らの笑顔と寄ってくる子どもたちに接すると、その間だけは暑さを忘れられたのだった。女たちの歌はこの際だから、多く聞いておきたいと思い、最初のときとダブらない歌を三曲うたってもらった。最初の「ヒチキ」という曲はシャックリをテーマにしたもので、出稼ぎに行った夫を懐かしむ歌である。

大意は、「夫が私を思い出すと、私はシャックリをする。私の愛しいひとが私を呼ぶと、私はシャックリをする。白い砂の美しい村。夫はまだ寝ているのだろうか。市場では近所のひとに会うだろうが、人形のように歩いていこう」という内容だった。

次の「ザドール」という歌は古い愛の歌、三曲目の「アワロー」という歌は思い出をテーマにしたものだった。それからあとは、ルク・ナート・ジョーギーさんに、前に聞いた内容を確認しながら、さらに新たな質問を交えた。

信仰については、シヴァ神一派のドゥルガー（Durga）という女神を信奉しているという。

蛇については、「蛇つかいの仕事をしていても、だいたい今の男たちはマントラができないのが多いと思う。爺さんたちは皆できた」と言うから、ジョーギーの内部でも時代の波が押し寄せていることが分かる。

さらに、「蛇を捕まえるときは、蛇の毒はとらずに、牙を抜く方法をとっている。とにかく蛇つかいはすべてジョーギーですよ」とはっきり言った。

「犬は、ここの男たちが留守をしているときの安全のためであり、犬を連れて移動することは昔からの決まりですから。前から犬とニワトリは連れていたが、最近は山羊を飼ってミルクをとっているし、ニワトリの卵を売ることもするようになりましたよ。移動するときはラクダと荷車を借ります。昔はロバだったけど」

門付け芸能のスタイルについては、

「私たちはもともとダンスはしなかったのです。男はビーン（プーンギー）を持ち、女は歌というのが昔からのやりかただったのです。最近、カルベリアダンスとして踊っているのは、観光客のためです。新しいやりかたですが、観光客が喜びます」

と興味深い話をした。生活のため、芸能の形は変わる例だろう。遍歴、放浪生活については、

「ヨーロッパの国々が夏休みに入り、観光客が増える七月、八月は、サム砂漠の近辺に出てくるようにしています。九月になると客がガクンと減るので、ほかに移るが、十月になって気候的によくなると観光客の数が盛り返すので、戻ってくるのです。

最近は、二月まではカノイ村周辺にいることが多いです。観光客相手の仕事のほかは、もっぱら門付けによる稼ぎが中心になります。門付けについては、訪れた村はすべての家々を一軒残らず回るこ

とにしていますが、マンガニヤールの家には門付けはしないのが規則です。だって、彼らマンガニヤールも物もらい、物乞い（Beggar）だから、彼らから施しを受けるわけにはいかないのです。もらうものは二日前のチャパティの残りや、その他の不用の残飯類です。少しぐらい悪くなっていても、体の抵抗力があるので、私たちは耐えられる。昔はもらい物だけで、食事をすませていたが、最近では自炊もしていますよ。また臨時に入る石切り、石打ちの仕事は大事な仕事です」

と語った。定住しているジョーギーについて聞くと、

「彼らは小作農として雇われて農業をしていますよ。また石切りの仕事では、おもに人夫役として雇われるのです。定住する場所は、村のなかではなく、外側でなければならないといわれます」

と、私たちが会った定住するジョーギーたちの話を裏づけた内容だった。最近、行政的なメリットを受ける手段として、

「ダモダーラ村に住民登録はしたが、家も土地もありません。移動する範囲としてはいちおう目安があって、最近はダモダーラ村周辺六十キロくらいです」

と言う。この話は私には興味深いものだった。

漂泊・遍歴・移動

門付けに訪れる家と、ある程度の親しい関係を保っていくこと、つまりなるべく多くのなじみ客をもつことは、ジョーギーにとっては生活に直接響いてくる要件である。門付けを継続的なものにするためには、なじみ客の存在は、安定した稼ぎを保証してくれる大事な条件となってくる。また、受け

入れる家にとっても、一定の間隔で周期的に訪れてくるジョーギーは、神の代理、呪術的存在でもあり、畏敬の存在でもあるわけで、単なる賤視の対象だけではない、浄と穢れの二面性の境界を行き来する存在だったのだろう。

村々を周期的に巡り、住民との関係を維持するには、地理的な範囲を限定することが必要になる。一回だけの門付けでは、そうした関係が築けないので、稼ぎにも影響してくる。

ジョーギーの話から、なんとなく彼らの移動のスタイルがどのようなものであるかが分かってきた。漂泊とか、遍歴とかいうと、なぜかひたすらさまよい続けるといった郷愁を呼び起こすイメージがただよい、どこか現代人に自由な束縛のない生き方を思い起こさせるが、実際には遍歴、漂泊の生活者が必要としていることは、柔軟性に富んだ移動性のように思われる。

ジョーギーの人びとも古来、不変の移動ルートをたどっているものではないということが分かるのである。たとえば臨時に入る石切りや石打ちの仕事は大事な糧であったろうし、夏の観光客の増減に応じた移動をしていることも彼らの移動生活が柔軟性に富んでいることをうかがわせる。さらに門付けによる稼ぎもおおまかな周期性を保つことによって保証される。

こうしてみると、ジョーギーの移動の実態は、政治経済的、イデオロギー的な要素がからみあった複雑な相互関係に支配されていることが推測されるのである。季節的な要素、観光政策による旅行者数の変化、グループ内の歴史的な規則性、就業の機会、地域の住民とジョーギーとの関係といったさまざまな要素が働いているのである。

四　ふたたびジャイサルメール

穢れと浄の境界　芸人集落訪問

マンガニヤールを特徴づける楽器に、カマーイチャーという丸い胴体の弓奏楽器があるが、まだ目にする機会がない。最近では、歌の伴奏にはハルモニヤムという手こぎ式のオルガンが使われることが多くなり、カマーイチャーにあまりお目にかかれなくなったのである。奏者も高齢者が多くなり、すたれていくようでさびしいが、カマーイチャー独特の余韻のある音は捨てがたい。奏者を探しに、カラーカール・コロニーに出かけてみた。

せっかくコロニーに来たので、クトレ・カーンさんの顔を見たくなり、まず彼の家を訪れることにした。いかにも斜面を切り開いてできたという感じのコロニーは、上り坂の周辺には石ころや掘り出した岩などがごろごろしており、建設途上の工事現場のようである。

クトレ・カーンさんは私たちの訪問を喜び、家のなかまで入れてくれた。泥を滑らかに固めた泥塀から一歩入った内側は塵ひとつ落ちてなく、磨き上げられたような通路があり、正面にある家に入ると、そこも気持ちいいほどきれいな空間だった。家具類はなく、簡易ベッドが置いてあるだけの簡素さだった。石づくりの前庭にもう一棟、レンガを積んだ小さな平屋があり、二つの棟に七人の家族で住んでいるという。昔は泥の家だけだったが、最近はレンガの家もぽつぽつ建つようになってきたらしい。家のなかにはガスコンロがあるから、炊事場に使っているのだろう。ここもきれいに掃除されており、とにかく清潔さが印象的だ。

この感覚は、私にはとても意外なものだった。もう少し雑然として、ごみなども落ちている汚れたところを予想していたのである。窓から庭をのぞいて見ると、クトレの妹らしき女の子が、水場で金物の鍋や食器類をきれいに磨き上げている。また、中年の女性が、塀に牛糞を混ぜた泥を丁寧に上塗りして補修している。あとで聞いたらクトレの母親だった。

牛糞は『マヌ法典』にも、穢れをきよめる力のあるものとして、水・灰・土と並んであげられているほどである。今では塀や垣をつくるのに、粘土に牛糞を乾かしたものを混ぜ込むのは一般的な習慣である。

塀の外は、コンクリートのカケラや廃材、種々雑多なごみなどで汚れているが、塀のなか、家のなかに一歩でも踏み入ると、そこは境界を超えた浄の領域なのだ。

彼らの穢れや浄にたいする意識のありようが垣間見えたような気がした。これと似た感覚を抱いたのは、ジャイサルメールの裏町の細い入り組んだ生活道路を歩いていたときだ。わがもの顔で、町のいたるところで牛が歩いたり、寝そべったりしており、牛糞もあちこちに落ちており、歩く際も踏まないよう気を使うし、スコールのあとなどは、道端に広がる牛糞の臭いがあたりを覆う。インドの都市や町を歩くたびに牛に出会い、牛糞の臭いに囲まれると、そのために車は渋滞したりするが、牛糞は土地をきよめる力があると信じる精神的な価値観は、経済合理性に勝るという確たる価値観が貫徹している社会が、インドなのだと思い知らされる。

しかしそうした道端に軒を連ねている商店や職人の店先からは、じつにきちんと整理され、磨かれた室内が見えるのだ。

また朝早く、広場に面した家の主婦たちが箒で地面を清掃している光景をよく目にしたが、はじめは、ゴミを右から左へただ掃き散らかしているのではないかと思えたのだった。彼女たちには、ゴミが多くお世辞にもきれいとは言えない広場と、おのれの家との境界が厳然としてあるのだろう。旅行者の私には、はじめはなにをしているのか理解できない行為だった。

私がインドの街中の光景から感じた思いと共通するものを、東ヨーロッパのジプシー居住区で感じた観察の記述が、イザベル・フォンセーカの『立ったまま埋めてくれ』のなかにもある。

東ヨーロッパ各地をまわったイザベルは、途中スロヴァキア東部を、ミレナ・ヒュプシュマノヴァーというプラハ出身の言語学者と一緒に旅をする。ミレナはジプシー研究者でもあり、インドにも数回行ったことがある。イザベルはジプシーの清潔と汚れの観念について、

「家のなかはあんなに清潔だったのに、居心地もよく、きれいにペンキが塗ってあったのに……庭ときたら！　共同のスペースは異臭のために使用不能だったのだ。ねば土におおわれた野ざらしの古タイヤの山、砂や泥まじりの悪臭を放つパテ状の野菜くず、散らばる空き缶や骨や魚の頭、捨てられた電気器具からマンガみたいにスプリングが飛び出し、なんともわびしくすさまじいその光景が目に焼きついて離れなかった。（以下略）」

とミレナに質問すると、

「『汚いということじゃないのよ』とミレナは冷ややかにいった。『汚く見えるだけなのよ』」と答える。

「ミレナによると、ジプシーが家の外を汚れ放題にしているのは、彼らが（インドとおなじように）他者のゴミをとくに不潔だと考え、それに触れることは象徴的な汚れになるからで――彼らにとって、それはゴミの放置によって蔓延する恐れのある病気よりも、さらに大きな危険を意味した」

私がインドのジャイサルメールで感じ、イザベル・フォンセーカが東ヨーロッパの国々で感じたものは、同質の問題であった。一見、混沌としたインド社会のなかにも、穢れ・浄を分ける境界、「内」と「外」を分ける境界がさまざまな日常風景に存在することを実感したカラーカール・コロニー訪問だった。

清潔と清浄

ジプシーの穢れのタブーについてはジュディス・オークリーの観察記録が参考になる（『旅するジプシーの人類学』）。そのなかでオークリーは、ジプシーの穢れについての根本的な観念は、体の内部と外部とを区別していることだとしている。

外部はゴールジョ（ジプシーではない人）に向かって示される、外向きの自己や役割を象徴するもので、清浄に保たれなければならない内部を保護するためのおおいである。内部は個人やグループの団結によってささえられていく、外にあらわれない民族自身を象徴している。そして、オークリーは自らの日常的な観察から、体のなかに入るものを洗うことと、体の外部を洗うこととを明確に区別する例に「ふたつの洗い桶」をあげている。

「ふたつの洗い桶」について、食器用の洗い桶と体を洗うための桶を区別して、清浄の中心は食器用の桶にあるので、食物、食器などはこの桶で洗われなければならない。これをふくための布巾もこの桶で洗わなければならなく、ほかの洗濯物といっしょではいけない。

「それだけ別にして外にかけて乾してある布巾は、民族の清浄さをあらわす旗なのである。食器洗い用の桶はほかの用途に使われると、これは永遠にけがれたということになり、清浄になることは決してない」

さらに、化粧石鹸は流しや食器類のそばにおいてはいけない例をあげて、

「ある日、ジプシーの少年たちが私のトレーナーを掃除してくれることになった。そのとき私がとくに気がついた点は、彼らが私の化粧石鹸を戸棚にかくし、それを紙でいくえにも包んだということであった。ジプシーにとって石鹸は、清潔をあらわすものではなく、よごれの可能性をもつものとみられている」

私がインドの町を歩いて思うことは、清潔ということと清浄ということの違いについてだった。ともすれば私たちの衛生観念には、汚れをしまいこみ、おおいかくす意識がはたらくが、インドの人びとは（あるいはジプシーも）不浄となる汚れは目に見えてもよいが、きれいなものとはきちんと離れていなければならないとされるのではないか。

オークリーは、イギリス当局の役人がジプシーの定住化政策としてキャンプを設営していることについて、

「洗いもの、洗濯、排便などのあらゆる不浄の活動を、台所の設備と結びつける役所によってつく

られた小屋を大事にしないのは当たりまえのことである。糞便がトレーラーから離れていて、体の内部と接触していないと考えられれば、なにも問題はないのだということを、私はあちこちの野営地で経験した」

と、役人の無理解を批判している。役人たちも清潔ということは認識していても、ジプシーの清浄という観念については理解できないのである。

カマーイチャー奏者を探す

コロニーから出てきた道路わきで、老人が目ざしているカマーイチャーを抱えて座っていた。だが楽器を見るとそうとう古く傷んでおり、使用可能かどうか危ぶまれるほどだ。ひと節聞かせてもらったが、音に張りがなく弱々しい。バラニさんは私の失望した顔色を読んで分かったらしく、別の当てがあると言って歩き出した。さらにもう一人聞かせてもらったが、今までのマンガニヤールの楽士に比べると物足りないものがある。カラーカール・コロニー以外からも探すことにして、バラニさんが楽士たちから情報を聞きだしてくれた。

三人目に会ったカマーイチャー奏者は、バサヤ・カーンさん（五十五歳）だった。夕暮れが近いころ、彼の家を直接訪ねたのだが、快く迎えてくれた。さっそく、家の前庭でカマーイチャーを奏してくれたが、なかなか滋味深い演奏をする奏者で、歌のほうも鍛えられた声に迫力があった。オーラという村から出てきて、ジャイサルメール市内に娘夫婦とともに住んでいる。

聞かせてもらったのは、「ムーマル」という曲だった。タール砂漠に伝承する「ムーマルとマヘンドラ」という悲恋物語をテーマにした歌で、ムーマル王女の美しさを「瞳は雲間の太陽のよう、鼻筋は剣のよう」とうたい上げる。声は美声ではないが、風雪に鍛えられた太い声は、日本の浪花節語りの声にも似ている。カマーイチャーには演奏する弦のほかに共鳴弦がついており、野性的で地を這うような音を出す。たしかに現代的で歯切れのよい音ではないが、独特の余韻が捨てがたい。

カマーイチャーを奏する
バサヤ・カーンさん

バサヤさんの娘さんがはっとするような美人で、脇から父親の演奏を笑みをたたえて眺めているのが印象的だった。訪問したとき時間が遅かったせいもあり、明日改めて場所と共演者を選んで数曲演奏してもらうことにした。

夕刻のジャイサルメールは日中の強烈な日差しもいくぶん和らぎ、今日の仕事を終えた人びとが夕涼みをしている光景があちこちで見られた。一日を無事過ごした安堵感みたいなものが人びとの表情にも感じられ、町の様子も昼とは明らかに変わって生気を取り戻していた。この町全体が呼吸をしているような風景は、私の子ども時代には故郷の町や道にあふれていたものだった。

大道芸人、猿回し人形

明けて朝早くから、カーンさん宅から近い湖を訪れた。その畔に立つ寺院は街中の喧騒が聞こえない静けさで、録音・撮影には最適だった。

カーンさんのカマーイチャーに、クトレ・カーンのカルタールと、彼の友人のドーラクを加えた編成で「ムーマル」など三曲を演奏してもらった。

だいたい、ジャイサルメールでの予定も終わり、その夜、遅い夜行列車でジョードプルへ向かうことになった。それまでの間、まだジャイサルメールの町中を見ていないところも多いので、有名なハヴェーリー（Haveli）という、かつての富裕商人の邸宅で、手の込んだ装飾を施した建築様式がみどころの地区などを歩くことにした。ハヴェーリーの地区はやはり観光客が多く、それを当てにしたマンガニヤールたちの姿も見受けられた。

大きなみやげ物店の前には、カマーイチャーを手にした二人の男が客待ち顔で座っている。一人は昨日聞いてあまり感心しなかった老人だが、もうひとりは三十代とみられる男だ。その若いほうに声をかけて一曲聞かせてもらうことになった。二人は即興のコンビらしく、老人が伴奏をつとめるという。老人のほうはディーヌ・カーンさん（七十歳）といい、カラーカール・コロニーの住人、若いほうダプジ・カーン・ミラシさん（三十八歳）は、バダリという村から来たという。

オレンジ色のターバンの若いカーンは、膝を崩すような座り方で、カマーイチャーを弾きながらうたいはじめた。老人のほうのカーンは、カマーイチャーを太鼓代わりに膝の上に横たえ、胴体をたたきながら、合いの手を入れた。曲はなんとカノイ村のマンガニヤールが演奏した「ダマーダム・マスト・カランダル」というカッワーリの名曲だった。市橋さんがリクエストしたのだ。この曲はパキスタンなどでは集団歌謡といわれるくらいの大人数で演奏される場合もある大曲なのだが、二人だけの演奏がどのようなものになるのか、興味津々だった。

演奏は曲全体のスケール感を損なわない形で、不思議な魅力を出していた。二人の呼吸も小気味よく合い、かけ合いの妙も楽しめた。こういう演奏が大道芸として道端で見られるというところがインドの奥深さで、宮廷内の古典音楽と大道の民俗音楽が融合したものが、彼らの体に入っている一例だろう。大道芸の本質に徹して、時と場所と演者の数に合わせて、どのような形式の曲でもこなして演じてしまう技はほんもののプロだった。

そのあとで、みやげ物兼骨董の店をぶらぶらしていると、雑多な置物などにまじって二種類の猿回しの人形が目にとまった。一つは猿回しの男とその肩に一匹の猿、紐につながれた二匹の猿、もう一つはやはり肩に一匹、紐には猿と犀。いずれの男も左手にデンデン太鼓、むちを前に置いている。衣装などからみても古い時代の猿回しを表しているように思われた。猿回しは一九八四年のデリーで見ているが、ここジャイサルメールでは見ていない。デリーの猿回しは、市内の芸人集落で見たもので、老人と二匹の猿だった。

バラニさんも蛇つかい以外の動物芸はないと言っていたが、こうした人形を見ていると、古い時代にはこのラージャスターン州にも猿回しが闊歩していたのではないかと思われるのだった。そして彼らのなかから西へ移動していったものたちが、現在東欧などで見られる猿を引き連れたジプシーたちの祖先なのではないかと想像したくなるのだ。同じように熊つかいたちも、ジプシーの熊つかいウルサリの祖先なのではないか。

ジプシーはアルメニアを離れて、ビザンツ帝国の西部に入り、やがてバルカン半島全域とヨーロッパ全体に広がっていったが、ジプシーの出現に言及したビザンツの資料のなかに、熊つかいや蛇つかいについての記述がある。それは熊や蛇を使って見世物にしたり、占いをしたりして、民衆を惑わすことを禁止する内容であった。これらの記述はインドから出立した人びとのなかに、動物芸を生業とするジャーティがいたことを示している。

人形の一つに猿とともにつながれているのは、店の主人に確認したが、犀だという。猿と大きさも同じで、黒豚のようにも、熊のようにも見えるが、犀とは意外であった。

東ヨーロッパ地域においては、猿回しという芸能化したものではないが、猿を引き連れたジプシーたちについての記述はみられるが、むしろ東南アジアのタイ、インドネシア、中国などの各国、そして日本列島のほうが猿回しの分布の広がりがあり、民間芸能としての存在感もあるようだ。おそらくこれらの猿回しもインド北西部が祖先であり、そこから東への移動ルートで伝わったということが考えられるのではないだろうか。

猿回しの人形

インドを出発した人びとやそれに伴う文化の西への移動は、イスラム文化圏との摩擦により、同化が妨げられた結果、よりアイデンティティを強固にしながら、さらなる西方、ヨーロッパへと移動していったが、インド北西部から東への移動、とくに東南アジアへ移動することは、イスラム世界で遭遇する摩擦がないため、アイデンティティを確立することもなく、そこでの同化が促進され、さらには吸収されていったのではないか。

つまり、インド北西部から移動した集団は、すべて西へ向かったのではなく、東へ向かった集団もいたのであろう。ただ東へ移動していった集団はそこで同化し、なじんでいったため、ラージャスターン州の遍歴・漂泊民の習俗などは吸収されてしまったのではないか。

猿回しの人形を眺めながら、さまざまな思いにとらわれてしまい、結局二つとも購入してしまった。

ジャイサルメールを離れる

午後十一時。ジャイサルメールからジョードプルへの夜行列車の出発時刻だった。九時ごろには駅に着いたが、遠出の旅行客で混雑していた。バラニさんはずっと私たちに付き合ってくれたのだが、仕事でジャイプールへ行くことになり、同じ列車に乗ることになった。私たちは上下二段の寝台車を予約していたので、早めに入ったが、やや遅れてきたバラニさんは通常の席で行くようだ。私たちの寝台席の様子などをチェックしてくれ、降りるときは混雑するから、ここでさようならをしようといって握手を求めてきた。今回の旅はバラニさんに会わなければ、これほど収穫多いものにならなかったのは確実で、彼の沈着・冷静な判断力と温厚な人柄に改めて感謝するのみであった。

列車は定刻に発車し、翌朝五時にジョードプルに着くまで、よく眠った。朝五時はまだ暗闇の世界だったが、駅前にはタクシーや宿の呼び込みが大勢たむろしており、町は起き出していた。目覚ましに露天の立ち飲みの店で、紅茶（マサラチャイ）を飲みながら、体じゅうに沁みるようになじんでいく香りと熱さにしばらく身を委ねていた。

Ⅲ　非定住者の論理

一　猿回しについて

インドから東へ

一九七〇年に、小沢昭一さんと猿回しを求めて山口県の光市に行った。それまでほうぼう手を尽くしその存在を求めていたが、ほぼ絶滅したのではないかというのが大方の意見だった。しかし小沢さんが権田保之助著『社会研究・娯楽業者の群』（大正十二年）のなかに、「……現今、東京を廻して歩く者は、凡て山口県の者で、熊毛郡を主な出身地とする」と記されているのを見出し、それをたよりに猿回しをしていた地域にたどりついたのだった。予想通り猿回しは絶滅していたが、小沢氏訪問がきっかけとなり、猿回しは復活したので、私にとっては猿回しという芸能はとくに思いが強いのである。

さらにその際に出会った人びとから、猿回しが賎視されていた生々しい話を直接聞き、芸能と差別の問題、放浪・漂泊と芸能の問題などにも目を開かれた契機になった取材であった。

その後、インド、中国、韓国、インドネシアなどの取材を重ねるなかから、猿回しなどの芸能の起源について考える機会が多くなってきた。

猿を厩につないで馬の守護神とする風習は、インドで発生したといわれている。石田英一郎著『河童駒引考』（岩波文庫）にもこの風習が北部インドで行なわれていることなどが述べられている。そもそものような風習は、猿そのものにたいする信仰が前提となるわけだが、大陸や東南アジアにまで及ぶ信仰のようだ。ヒンドゥー教における猿は、人間を助ける頼もしい存在であり、そのリーダーは猿の神ハヌマーンである。猿は強い霊力をもつと信じられ、人が大切にしている馬を疫病などから守るための信仰である。

日本でも鎌倉時代ころから資料にも表れており、『梁塵秘抄』にも「御厩の隅なる飼猿」の歌がある。猿回しは猿曳き、猿飼いとも称され、新年に武家などを旦那場として、厩祈祷をしてまわったほか、時期を特定しない大道芸としても早くから成立していた。

それ以来、千年にもわたり日本列島を闊歩してきた猿回しが消滅したのが一九六三年ごろであったとされている。日本が高度経済成長期に突入し、列島の街や村の風景が様相を変え、土の道が消え、アスファルトの道路と変貌していった時代であった。一九六〇年に道路交通法が公布され、公演場所としての大道が奪われたことも影響した。しかしながら幸いにして前に述べたような小沢昭一さんの探索の結果、一九七七年に村崎義正氏によって「周防猿まわしの会」が結成され、復活を遂げた。

猿回しは、インドはもとよりインドネシアやタイなど東南アジア、そして中国でも盛んに行なわれている。インドから発してきた猿回しの伝播ルートとして、東南アジア、中国と考えてくると、どうしても日本列島へのルートとしては朝鮮半島が無視できないが、朝鮮の猿回しについてはほとんど情報がないのが気になるところである。わずかな情報として網野善彦氏と小沢昭一氏の対談記録に以下のような内容がある（『大系日本歴史と芸能』（第六巻）「中世遍歴民の世界」）。

インドと日本の猿回しの違いについて、インドの猿回しは、猿つかいと猿との関係が、日本より過酷で、飴と鞭の鞭を使うほうに比重がかかりすぎているが、日本の猿回しでは、紐がついていても紐がないがごとく、巧妙に操作しても操作していないがごとく見せるのが芸という演出があるという小沢氏の話から、猿の仕込み術に及んで、猿を押さえこむやりかたと猿と遊ぶようなやりかたの二系統があるようだということになって、朝鮮半島に猿は存在するかというテーマに移る。網野氏がそのなかで高橋公明氏の「日本猿、朝鮮へ行く」(『年報中世史研究』第九号)という論文の存在にふれているが、この指摘によって高橋氏の好意で論文を目にすることができた。

高橋氏は論文のなかで、十五世紀の李氏朝鮮時代、三度にわたって日本から猿が献上された史料を提示して、李朝の皇太子が金宋瑞・尹仁甫の意見に基づいて、猿をもっと日本から買い上げるよう命令を下しているとの内容を明らかにし、

「金宋瑞・尹仁甫のいずれも猿がいれば馬は病気にならないという意見を述べている。とりわけ具体的なのは後者の意見である。前半は日本のことで、猿によって馬を禳《はら》うという習慣を説明し、後半は、内司僕寺で飼っている馬は、猿がいるために病気にならず、司僕寺で飼っている馬は、猿がいないためにしばしば病気になって死ぬ、という朝鮮での同様の例を説明している。すなわち、日本と同様に朝鮮においても猿が馬をわざわいから守る動物と考えられていたのである」

と説明している。なお司僕寺は、寺ではなく、おもに馬を養育することを職掌とする官衙で、内司僕寺は内廷用の馬などの養育を掌る官衙らしい。

また高橋氏は朝鮮半島においては、現在はもちろん、過去においても野生の猿がいた証拠は見つか

っていないという犬山の日本モンキーセンターの見解も紹介している。

以上のことから、朝鮮半島においても猿と厩に関する風習が存在することは明らかであるが、なぜ野生の猿がいないにもかかわらず、そうした風習が定着したのかなど、解明すべき謎が多い。そして朝鮮半島においては、猿回しという芸能の存在がまだ確認されていないのは、野生の猿が存在しないことに起因しているのだろうか。

いっぽう、中国においても明時代に李時珍が『本草綱目』のなかに、馬小屋で猿を飼うと、馬が病気にかからない、毎月、草の上に流れる猿の純血が染みこんだ敷草を馬が餌として口にすると、体が丈夫になるということを記している。

また中国における猿回しの村については、中川邦彦氏から貴重な情報を得た。中川氏は記録映像作家で、中国少数民族の映像記録をはじめ、内外各地の民族芸能の撮影取材でともに過ごした時間が長い仕事仲間である。中川さんが訪ねた村は河南省南部、新野県中原という地域の村であった。

一九九四年の年末に訪ねた村は、ちょうど何組かの猿回しが長い旅から帰ってきたときだった。猿は「黄猿」という日本猿に似た猿だった。村びとたちは、中国で猿回しをやっている地域はこの地方だけだという。多くの村びとは農暦正月十五日の祭りが終わると旅に出る。四月に戻り、田植えから収穫まで農作業に従事して、九月からふたたび猿回しの旅に出かけ、旧正月に戻るという生活である。

出かける地域は決まっておらず、寒いときには南、暖かいときは北へと、雲南省、貴州省、福建省、広東省から北は東北部、西は新疆まで、ほぼ中国全土を回る。今は列車、バスを使うが、以前は全部徒歩で回ったという。だいたい三、四人が一組になる。今は大きい街は公安などの管理が厳しくてやりにくく、地方の中小の町が稼ぐにはいいという。

この村は人口千八百人、戸数四百戸、うち百戸が猿回しに出る。新築中の家が多いが、ほとんどは猿回しで稼いだものだ。猿の調教は経験者や老人に教えてもらって自分でやるが、以前は秘密だった。猿はこの地域にはいないので、河北省、福建省、貴州省などで捕まえてくるが、捕獲専門にやってている村もある。猿の取引は定期的に開かれる市で行なわれるが、すでに調教された猿もでる。多いときは数十匹の猿が市にでる。

そして村びとが言うには、猿は馬の無病息災を願うお祓いに登場し、そのことを「避馬病」と称している。

これらの説や情報は、厩と猿に関する風習が、インド、中国、朝鮮半島、そして日本列島と共通性とつながりをもつということを示しており、猿回しという芸能が、南アジア、東南アジア、中国、そして日本列島を通底する「芸能ロード」の存在を示唆する重要な芸能であることを示していると思われるのである。

ジプシーと西へ行った猿

さて、インド北西部から西へ移動していったジプシーの祖先のなかには、猿や熊を連れた職能の人びとが交じった集団もいたと思われるが、大道芸としての猿回しは存在したのであろうか。

ジプシーの動物芸として有名な熊つかいは、現在でもウルサリという熊の調教師が東欧などに多いことからも、インドから移動した人びとによって伝わっていったと考えられる。私も一九八四年のデリーで熊つかいを見たが、立派な動物芸、大道芸であり、現在のウルサリとほぼ共通する芸態であった。

バルカン半島におけるジプシーの存在をもっとも早く言及した文献は、前に述べた十一世紀半ばの『アトス山の聖ゲオルギウスの生涯』だが、次にジプシーに言及されるのは十二世紀のことで、教会法に付された解説のなかにみられるという。それは熊を連れまわす熊つかいや、蛇を体にまきつけたものたちが、占いをしたり見せ物をしたりする信者の破門を警告する内容であり、明らかにジプシーをさしている。

この文書には熊や蛇をもつジプシーはのっているが、猿についての記載がない。熊つかいのウルサリは、ジプシー関連の文献には必ず記載されており、ジプシーの職業として確立された扱いがなされているが、猿については詳しい記述がみられないのが気になる。

デリーの熊つかい

フォンセーカの『立ったまま埋めてくれ』のなかでも、ウルサリについては数ページを費やしているが、猿についてはその存在を認める程度の記述で、猿の芸能についてはふれていない。このなかに十九世紀のリトアニアの図版があり、それは、ジプシーの王が数頭の熊に引かれた熊車(?)で貴族の宮殿に乗りつけ、あいさつしているものであった。興味深いことは、二匹の猿が熊の背に乗っていることだったが、多分マスコット的な存在で、猿芸をすることはなかったのではないかと想像される。

小沢昭一氏も網野善彦氏との対談のなかで、フランスのポンピドウセンターの広場で猿と山羊をつれた大道芸を見たが、山羊の曲芸が中心で、猿はなにもしなかったと述べている。そして、サーカスにはモンキーショウのかたちで猿が交じっているが、アジアのような猿芸はないようだと述べている。

私はまだ確定的なことはいえないが、ヨーロッパには厩と猿に関する風習がないのではないかと思えるのである。猿そのものにたいする信仰や、猿に霊力を認める伝統が存在しないので、猿回しのような芸能が育つ余地はなかったのではないか。猿や熊を扱うマダリ（MADARI）などというコミュニティーが西に向かって移動していったが、猿回しのような大道芸はなぜか成立しなかったと思われるのである。

二　漂泊・放浪する人びとのアイデンティティ

ジプシーのアイデンティティ

ジプシーの世界には、英雄、偉大な解放、国家創建の神話などは見当たらない。国家もなければ、歴史上の遺跡もない。つまり偉大な過去というような歴史感覚をもたない民なのである。せいぜい祖父母の代より少し前くらいの過去を記憶にとどめる程度である。それ以前の歴史には関心を示さない。地球上のほとんどの国家や民族がおのれの神話や国家創建などを大切に記録し、そこに民族的な誇りやアイデンティティを求めるのにたいして、ジプシーの歴史や過去にたいする無関心とも思える姿勢は、ふつうの人びとの理解を超えている。

しかしながら、私にはこうした彼らの姿のほうに可能性を感じている。現在確立している価値観のほとんどは、定住して生活する人の立場から積み上げられてきたもので、非定住、漂泊・放浪の生活者からの視点は無視されてきた。記録する文字をもたないジプシーは、そうしたことを主張もしてこなかったが、インドを離れて西へ移動しながら彼らが終始携わってきたじつに多彩な種類の仕事が、彼らにばらばらでありながら連帯することを強いてきたといえる。

多くのジプシーは、伝統的な職業である籠づくり、鍛冶、楽士、石臼つくり、占い師、動物芸といった仕事に従事してきたが、これらの仕事は、土地や文字による記録をもたないグループにとって、自分たちのアイデンティティを示す重要な要素であった。

それと同時に、ジプシーと非ジプシーを区別する彼ら独自の明確な規則や価値観が、若干の地域差があるにせよ、ジプシー世界に通用する事実上の言語となっていったのである。

清浄と不浄についての厳格な規則は、とくに重要な意味を帯びていた。それは彼らの日常の生活を律する掟のようなものであり、たとえば洗濯や食器の使用法にもシンボリックな深い意味あいが込められ、ただ汚れを落とすというよりはるかに奥深い意味があった。

フォンセーカは、ブルガリアのある家族のことを書いている。それは洗濯をするときに男物、女物、ウエストから上下に分けた衣類、さらに下着類（これも男物と女物を束に分類）と五つの桶を使用する家のことである。

ここでは単なる物理的な意味での清潔ではなく、シンボリックで観念的な清浄がなによりも重要で尊ばれるのである。きちんとみえるとか、綺麗とかいう価値観は存在しない。

この清浄観念は、インドのカースト間の食物や水のやりとりによって穢れが伝わるという穢れ意識と共通するものであろう。また女性の生理やお産のときの血にたいする穢れ意識のありかたも共通しているのである。

聖なる乞食

インドの具体的な職業集団をさして、「生まれ」を意味するジャーティについてはすでに述べたが、インドの民族学的な調査報告書などで、ジャーティについての解説を読むと不思議な気がしてくるときがある。ラージャスターン州だけでも二百五十種に及ぶジャーティについて、その由来、信仰、結婚式・葬式の風習、職業の内容、伝承などが記載されているのであるが、そのなかで注目すべきは従事する職業を説明する内容に、「物乞い」(Beggar)ということばが非常に多いことである。

マンガニヤール、ジョーギー、カルベリアの仕事のなかには、門付けが重要な仕事であることは述べたが、芸能に携わるものはもちろん、それ以外にもじつに多くの職種のなかに「物乞い」の記述があるのである。「物乞い」だけを専門にするものから、ほかの仕事をしながら「物乞い」も兼業するものなどさまざまである。

考えてみれば、インドの町を歩けば、托鉢僧、遊行僧、行者が多く見られ、聖者としてあがめられている状況があり、「物乞い」は別に特別な存在ではないのかもしれない。乞食することは私たちが考えるように卑下すべき行為ではなく、堂々とした職業のひとつと考えたほうが、インドでは分かりやすい。

さらに、盗み、ひったくりの類いを常習としてきたジャーティについても記録があり、私たちの善悪にたいする常識的な価値観をゆさぶるのである。あるグループは三百年前まで盗賊集団とよばれ、犯罪集団として悪名を轟かせ、自分たちのルーツを勇敢な武将集団ラジプートと称したという。伝統的に彼らはひったくりのような犯罪的行為に従事してきたが、最近は自治体や銀行などの警備や監視の仕事に変わってきた。犯罪集団とまでいかなくとも、盗み、だまし、詐欺などの行為は、占い、呪術などと不可分に結びついており、仕事として紹介、解説されているジャーティも多いのである。

ジプシーにとっても「物乞い」は重要な仕事である。駅や街角で袖を引っ張られ「物乞い」をされるときの気分はあまり愉快ではないが、ジプシーにとっての「物乞い」という行為には、施しものをもらうという考えは存在しないように思える。ロマニ語には「物乞い」という意味のことばは存在しないといわれ、その代わり「村までいってくる」という言い方があるらしい。そうして女たちは、レストランでの楽士の仕事や手工業品の修理といった男たちの労働にたいする不足分の報酬を取り戻しにいくのであろう。

嘘をつくことや正直でないことなどは、ジプシーにとって必ずしもモラルの衰退を意味しない。ジプシーにとって仕事とは、金を稼ぐことであり、籠や石臼をつくることではなかった。どのような取引でもやるし、どのようなものでも売るのが彼らの商売だ。過去には馬が重要なものだったが、今は自動車になった。売るものがなければ物乞いをする。ただそれだけのことだ。これは決して恥にはならない。それはもうひとつの選択肢であり、金を稼ぐための、仕事の仕方なのだから。

ジプシーの清浄と不浄の観念や「物乞い」をはじめとする職業観のなかには、明らかにインド・モデルともいうべき社会生活上の規律が受け継がれているのである。そのことについて定住生活者であり、近代資本主義のもとでの価値観を形成してきた人びとが批判をすることは自由だが、その批判はまったく彼らには届かないことも明白である。

ジプシーの人びとにとって、ガジェ（ジプシー以外の人びと）の世界は穢れているという基本的な認識があり、自らを穢れた世界から隔絶して清浄を保っていく彼らの意志を理解しなければ、相互理解は生まれない。彼らの風習・習俗や行為の意味は、非定住者側の目で集積されてきた文化であり、知恵なのであり、当然定住者の論理では推し量れないものである。

インドから出立した人びとがめぐっていった先々の土地で、土着の音楽・踊りなどの諸芸能に出会い、それらと彼ら固有の音感覚や芸能観が絶妙に影響しあってから生み出されたフラメンコは象徴的な精華であろう。ヨーロッパ地域やロシア、小アジアなどで彼らの果たしてきた芸術的、文化的、音楽的な分野への圧倒的な業績は、もし彼らがインドから移動をはじめていなかったらと仮定するだけで、地球上の文化状況はより貧しいものになっていただろうと想像するだけで明らかである。

ジプシーの人びとがインドからやってきたといくら強調されても、彼らからは集団でインド帰還をしようという声は起こらない。神話と偉大な遺跡をもつユダヤの民がイスラエルをつくったような方向とは対極のベクトルが、ジプシーの人びとの意図せざる方向なのである。

あとがき

アルメニアで会ったボーシャの人たちから、日本にはボーシャ、ジプシーはいないのかと何度か聞かれたことは触れたが、その質問はなぜか不意をつくようなショックを私に与えたのである。予想もしていない質問であったということと、日本にジプシーがいないことになんの疑問ももたないできたおのれの浅はかさに気づかされたからである。

そうした私の未熟さを教えてくれたボーシャの人びとに、正直に感謝するのみである。やはり人間にとって真に大切なことを教えてくれるのは、市井の人なのだとしみじみ思う。

さて、もし日本にジプシーが来ていたらと想像することは楽しい。少なくとも現在の日本よりは、文化的な様相が深く、外に開けた開放性にとんだものになっていただろう。そしてより率直で、直截な表現力が豊かに発揮され、とくに音楽的、芸能的な分野はさらに幅と深さを増していただろう。日本列島には民族的な多様性が生まれ、風俗的にも自由さを増していただろう。

こうした想像が、ある種のないものねだりのようになるのは仕方がないが、それだけ今の地球上の風景が貧弱で、痩せたイメージで覆われているからであろう。国家、地域、民族、組織、企業などの既成の組織体が、呪縛のなかでもがいているような状況が続いており、先の展望がひらけてくる気配がなかなか見えない。そこに属する人びとも、組織と個人とのスタンスがうまくとれなくて悩んでいる。皆ひとりひとりは、心の底では人間らしく、いきいきと生きたいと思っているのに、人びとをとりまく世界はますます息苦しくなるばかりである。皆それなりにまじめに、きちんと仕事をしてきたし、それなりに経済的に豊かになってきたが、幸せそうな顔をしている人は減る一方だ。人びとはどこかおかしいぞと思いはじめているが、突きつめて考えていくと、恐ろしくなるので、途中で思考停止する。

地球上の状況をみても、キリスト教を信仰する民族、イスラム教の民族、そして中国とインドの文明圏の民族が、それぞれみずからの誇り高さで自縄自縛に陥っている。野心、不寛容、計算が渦巻いている。

翻って、ジプシーの人びとの世界を考えると様相は変わってくる。彼らはインドから移動をしていったなかで、信仰する対象をも、イスラム教からキリスト教、またはその逆と、生きていくために変えていったようにみえる。本心の部分は分からないが、少なくとも表面的には気軽に信仰を変えていったようにみえた。

宗教でさえも絶対視しないで、生きていくための手段としてしまう。驚くべき相対化する力である。宗教にたいするスタンスのとりかたは、日本の人びとに共通するものもあるが、さらにドライな相対化といえるだろう。

ヒンドゥー世界は濃密な宗教世界であるが、マンガニヤールの楽士たちが、イスラムを信仰しながらも、あいさつは胸の前で合掌しながら「ナマステ」というヒンドゥー教徒のあいさつをする姿を思い出す。彼らは結婚式と葬式以外は同じですよ、とこだわるふうはなかった。ヒンドゥー教徒の王侯に仕えてきた彼らの生きる知恵なのだろうが、こうした宗教でさえも相対化する力やある種の見軽さは、音楽的に高度な才能とともにジプシーのなかに伝わっている重要な要素である。

また、ジョーギーのテントを訪ねたときに、彼らの家具や持ち物の簡素極まりない少なさに驚いたが、この印象はアルメニアの多くのボーシャの家族を訪ねたときにも共通したものだった。見事なくらいに物をもたないのは、彼らの共通する文化であり、生活スタイルなのだ。これらの生きていくうえでのスタイルは、ジプシーに共通する習俗になっている。

漂泊・移動の生活のなかから生まれてきたスタイルは、当然人間の生きかた、価値観にまで及び、ヨーロッパの国々の行政機関が、定住とともに賃金労働者として転換させることを画策したが、成功していないのは当然の結果であろう。そもそも立身出世主義などという資本主義社会の要諦について関心のないジプシーは、賃金労働は死ぬほど退屈で、非人間的行為に思えるのだ。

ジプシーの人びとがインド北西部から出発して、ヨーロッパに及び、さらにはアメリカまで拡散していった歴史は、抑圧と受難に満ちた旅であったが、ひとりひとりの人間の顔が粒立ってよくみえる旅でもあった。ともすれば集団としての形が不気味に浮かび上がり、それが権力的色彩を帯びる過程の歴史を多くみてきた目には、悲しいほどに人間的な営為に満ちた漂泊・遍歴の旅びとの歴史は、人間がつくりあげてきた世界が、それほど自慢できるものではなく、反省を強いられる矛盾に満ちた世界であることを示しているのである。そして自分からは決して言わないが、少しはジプシーのいいところをみてみたら、と彼らが言っているような気がするのである。

インド、アルメニアの旅は、市橋雄二氏との二人旅であった。なにか成果が認められるとすれば市橋さんの目配りのきいた準備と、現地での対応力に負うところが多い。言うに言われぬ原則性と柔軟性とのバランス感覚が必要な旅だったが、これまでの二人の経験が味方してくれたのだと思いたい。
和気元氏からは、私がインドへ行く前から熱心に本書の執筆をすすめていただいた。先が見えずに途方に暮れた気分でいたときにいただいた助言、励ましがありがたかった。篤く御礼を申し上げます。

市川捷護

二〇〇三年一月十一日

参考・引用文献

朝日新聞社編『旅芸人の世界』(「朝日文庫」一九八五年)
阿部謹也『中世を旅する人びと　ヨーロッパ庶民生活点描』(平凡社　一九七八年)
網野善彦・小沢昭一編『音と映像と文字による大系日本歴史と芸能　第十三巻　大道芸と見世物』(平凡社・日本ビクター　一九九一年)
石田英一郎『河童駒引考』(岩波文庫　一九九四年)
梅棹忠夫監修　松原正毅　ＮＩＲＡ編集『世界民族問題事典』(平凡社　一九九五年)
ジュディス・オークリー　木内信敬訳『旅するジプシーの人類学』(晶文社　一九八三年)
沖浦和光『竹の民俗誌―日本文化の深層を探る』(「岩波新書」一九九一年)
沖浦和光・宮田登『ケガレ　差別思想の深層』(解放出版社　一九九九年)
小沢昭一・高橋秀雄編『大衆芸能資料集成　第三巻　祝福芸Ⅲ・座敷芸・大道芸』(三一書房　一九八二年)
小沢昭一『放浪芸雑録』(白水社　一九九六年)
小沢昭一『ものがたり芸能と社会』(白水社　一九九八年)
辛島昇・奈良康明『生活の世界歴史5　インドの顔』(河出書房新社　一九七六年)
京都部落史研究所編『中世の民衆と芸能』(阿吽社　一九八六年)
デーヴィッド・クローウェ　水谷驍訳『ジプシーの歴史　東欧・ロシアのロマ民族』(共同通信社　一九九四年)
小西正捷『インド民俗芸能誌』(法政大学出版局　二〇〇二年)
高橋公明「日本猿、朝鮮へ行く」(「年報　中世史研究　第9号」中世史研究会　一九八四年)

ネボイシァ・トマシェヴィッチ、ライコ・ジューリッチ　相沢好則訳『世界のジプシー』（恒文社　一九八九年）
仲井幸二郎・西角井正大・三隅治雄編『民俗芸能辞典』（東京堂出版　一九八一年）
イザベル・フォンセーカ　くぼたのぞみ訳『立ったまま埋めてくれ　ジプシーの旅と暮らし』（青土社　一九九五年）
藤井友昭監修　国立民族学博物館協力　平凡社編『音と映像による世界民族音楽大系』（解説書　日本ビクター　一九八八年）
藤井友昭監修　国立民族学博物館　スミソニアン研究所協力　平凡社編『音と映像による新世界民族音楽大系』（解説書　日本ビクター　一九九五年）
藤野幸雄『悲劇のアルメニア』（「新潮選書」一九九一年）
アンガス・フレーザー　水谷驍訳『ジプシー』（平凡社　一九九二年）
ジュール・ブロック　木内信敬訳『ジプシー』（「クセジュ文庫」白水社　一九七三年）
山路興造『翁の座』（平凡社　一九九〇年）
横井清『的と胞衣　中世人の生と死』（平凡社　一九八八年）
脇田晴子『女性芸能の源流　傀儡子・曲舞・白拍子』（「角川選書」二〇〇一年）
市川捷護・市橋雄二『中国55の少数民族を訪ねて』（白水社　一九九八年）
市川捷護『回想　日本の放浪芸　小沢昭一さんと探索した日々』（「平凡社新書」二〇〇〇年）
Gen. Ed. K. S. Singh, Mumbai Anthropological, SURVEY OF INDIA-PEOPLE OF RAJASTHAN (Popular Prakasyan Pvd. Ltd, 1998)
Bhasin Mridul, RHYTHM AND RESONANCE IN RAJASTHAN : THE LIVING TRADITIONS (New Delhi : Prakash Books, 1999)

Kenrick Donald, HISTORICAL DICTIONARY OF THE GYPSIES (ROMANIES) (The Scarecrow Press, Inc. Lanham, Md., & London, 1998)

Kothari komal, MUSICIANS FOR THE PEOPLE : THE MANGANIYARS Of WESTERN RAJASTHAN (in K. Schomer, J. Erdman, D. O. Lodrick, L. I. Rudolph, ed. THE IDEA OF RAJASTHAN, New Delhi : Manohar publishers & Distributors. First Published, 1994, 2001)

Randhawa Tejinder Singh, THE LAST WANDERERS : NORMAD AND JIPSIES OF INDIA (Ahmedabad : Mapin Publishing Pvt. Lt. 1996)

著者略歴
一九四一年　茨城県生まれ
一橋大学卒業後、日本ビクター入社
レコード・ディレクター、映像プロデューサーを経て
現在フリー
主要作品（レコード・CD・ビデオ等）
「小沢昭一『日本の放浪芸』シリーズ」
「世界民族音楽体系」
「体系日本歴史と芸能」
「天地楽舞──中国55少数民族民間伝統芸能体系」他
主要著書
「中国55の少数民族を訪ねて」（共著・白水社）
「回想　日本の放浪芸　小沢昭一さんと探索した日々」（平凡社）

ジプシーの来た道
原郷のインド・アルメニア

二〇〇三年四月一五日印刷
二〇〇三年四月三〇日発行

著　者 © 市《いち》川《かわ》捷《かつ》護《もり》
発行者　川村雅之
印刷所　株式会社三秀舎
発行所　株式会社白水社
東京都千代田区神田小川町三の二四
電話　営業部〇三（三二九一）七八一一
　　　編集部〇三（三二九一）七八二一
振替　〇〇一九〇—五—三三二二八
郵便番号一〇一—〇〇五二
http://www.hakusuisha.co.jp
乱丁・落丁本は、送料小社負担にてお取り替えいたします。

松岳社（株）青木製本所

ISBN4-560-04963-7

Printed in Japan

市川捷護・市橋雄二◎著

中国55の少数民族を訪ねて

歌、踊り、神話を求めて最奥地へ。55の少数民族すべて現地撮影による世界初の日中共同取材班の製作者が、暮らしに生きる芸能を踏査し、激変する中国の現在を伝える全記録。図版多数。

本体2500円

小沢昭一◎著

放浪芸雑録

風のようにやってきて風のように去っていく大道・門付の諸芸と芸能者の姿を四十年にわたって採集し、芸による身すぎ世すぎのありかを求めつづけてきた著者の、日本の放浪芸探索の旅。

本体32,000円

小沢昭一◎著【新潮学芸賞受賞】

ものがたり　芸能と社会

大好評を博した放送大学での講義を基に、芸能と芸能者の社会的な意味と存在理由を、著者ならではの放浪芸探索の成果を背景にしながら、職業的芸能者の視点から体系的に書き下ろす。

本体5500円

価格は税抜きです．別途に消費税が加算されます．
重版にあたり価格が変更になることがありますので，ご了承ください．